ПЪТЕВОДИТЕЛ ЗА ДУХОВНО РАЗВИТИЕ

М. САНИЛЕВИЧ, М. БРУШТЕЙН
ПО ТРУДОВЕТЕ НА Д-Р М. ЛАЙТМАН

М. Санилевич, М. Бруштейн
Пътеводител за духовно развитие
Bnei Baruch-Kabbalah Laʻam 2024. - 203 стр.

M. Sanilevich, M. Brushtein
A Guide to Spiritual Advancement
Bnei Baruch-Kabbalah Laʻam 2024. – 203 pages.

ISBN 978-1-77228-200-9

По време на изучаването на Кабала човек преминава през специални преживявания, които не са подобни на нищо. Освен острота и необичайност, те носят със себе си слоеве от много лична и в същото време неразбираема информация. Човек, който изучава Кабала напоследък, често се губи и не разбира как да постъпи правилно.

В кабалистичните източници се коментират такива състояния, а също така се обяснява какво и как да прави човек във всеки отделен случай. Тази книга съдържа и систематизира описания на първите духовни състояния, както и дава подробни препоръки как да се реагира на тях.

QR-кода в края на всяка глава ще насочи читателя към гледане на видео материал, допълващ информацията от текста на книгата.

© Bnei Baruch-Kabbalah Laʻam Association, 2024
4934826, HaRabash St 12, Petah Tikva, Israel.
All rights reserved

СЪДЪРЖАНИЕ

ПРЕДГОВОР 12
ТВОРЕЦ И ТВОРЕНИЕ 14
Усещане за Твореца 15
   Какво е това Творец? 15
   За материала на Творението 17
   Какво означава да вкусиш Твореца 19
   Органи за възприемане на Твореца 20
   Какво означава да усетиш Твореца 21
Той и неговото име са единни 23
   Творец 23
   Той 24
   Завесите на света на безкрайността 24
   Тора и гмар тикун 25
   Неговото Име 26
Важността на духовното 27
   Материалното и духовното 27
   Как измерваме чувствата 27
   От важността на материалното
   към важността на духовното 28
   Ние строим духовния свят 28
   Важността на духовното х групата = на Висшия свят 29
По действията Ти ще Те позная 31
   Твореца, това не е физически обект 31
   Законът за подобие по свойства 31
   Десетката – инструмент за разкриване на Твореца 32
   Групово подобие 34

Скриването на Твореца 35
    Двойно скриване на Твореца 35
    Единично (обикновено, просто) скриване на Твореца ... 35
    Редуване на скриванията:
    двойно - единично - двойно – единично...................... 36
    Връщане от двойното скриване. 37
Разкриването на Твореца 38
    Разкриване на Твореца в десетката 38
    Това се случва внезапно 38

ДУХОВНИ СЪСТОЯНИЯ 42
Пътят на Тора и пътят на страданията 43
Равнодушие... 45
    Безразличието е липса на величието на Твореца........ 45
Трепет и страх 47
    Трепет... 47
    Страх.. 47
    Страхът като движеща сила.. 48
    Разликата между трепета и страха 49
Клипот (кора)... 50
    Клипот съхраняват плода 50
    Клипот създава усещане за време 50
    Клипат нога 51
    Клипат мицраим 51
    Поправянето на клипот и предпазването
    от тях е възможно само с помощта на групата 52
Равенство 54
    Съществува ли равенство... 54
    Какво трябва да бъде равенството 54
    Равенство в кабалистичната група 55
Свобода 57
    Свобода или робство... 57
    Къде се крие свободата 57

  Свободата – това е ограничение 58
  В нашия свят няма свобода 59
  Как да се освободим 60

Срам 61
  Произход на срама 61
  Срамът анулира егоизма 61
  Срамът поражда намерение 62

Грехът 64
  Грехът е отклонение от целите 64
  Грехът - молитва за себе си 64
  Грехът - изключване на мислите от Твореца 65
  Грехът – използване на своя егоизъм 65
  Във вреда на другите 66
  Грехът - взимаш повече от необходимото 66
  Грехът ни отделя от Твореца 67

Завист 68
  Произходът на завистта 68
  Бяла и черна завист 68
  Как да развием положителна завист 69
  Групата като природен усилвател на завистта 70

Злословие (сплетни) 71
  Злословие насочено против творец 71
  В злословието няма граници 71
  Злословие в групата 73

Ненавист 75
  Ненавистта и нейните видове 75
  От ненавист към любов 76
  Как да работя с ненавистта 76
  Как да преодолеем ненавистта 77
  Безпричинната ненавист е „еврейско изобретение" .. 77

Осъзнаване на злото 79
  Какво означава „осъзнаване на злото"? 79

  Осъзнаването на злото е задължително състояние 80
  Злото - това съм аз... 80
  Поправяйки себе си, ние поправяме света................... 81
  Да станеш 620 пъти по-силен... 82
Преминаване на махсом 83
  Какво е това махсом... 83
  Как се преминава махсом... 83
  Колко време отнема преходът на махсом..................... 84
  Какво се намира зад махсом 85
Духовно раждане 86
  Как се случва духовното раждане.................................... 86
  За да се родим, е необходимо да се обединим........... 87
Радост 89
  Какво е радостта 89
  На какво се радва кабалиста.. 89
  Радост в десетката 90
Любов 92
  Какво знаем за любовта 92
  Какво е това любов.. 93
  Абсолютна любов.. 93

ПРИНЦИПИ НА ДУХОВНАТА РАБОТА................ 96
Етапи на сливането с Твореца 97
  Общуване с Твореца.. 97
  Връщане към Твореца 98
  Как да разкрием Твореца 99
  Твореца се разкрива в групата.. 100
Намерение 102
Тора 105
  Какво е написано в Тора 105
  Защо е написана Тора 107
  Как действа светлината на Тора 110

Заповедите 112
   Целта на Тора и заповедите 112
   Десет заповеди 113
   Първа заповед 114
   Втора заповед 114
   Трета заповед 115
   Четвърта заповед 117
   Пета заповед 118
   Шеста заповед 119
   Седма заповед 119
   Осма заповед 119
   Девета заповед 120
   Десета заповед 120
   Две заповеди: получаване и отдаване 121
   От заповедите към поръчителството 122
Взаимно поръчителство 123
   От взаимното поръчителство към Тора 123
   Взаимно поръчителство за целия свят 125
Десетка 127
Подеми и падения 128
   Етапи на духовно израстване 128
   Паденията и подемите след махсом 129
   Нива на изкачване 130
   Продължителност на паденията 131
Вяра над знанието 133
   Вяра 133
   Как да стигнем до вярата на знанието 134
Молитва 137
   Молитвата - това е изгарящо желание 137
   Молитвата – молба за невъзможното 138
   Молитва за всички 139
Мълчание 141
   Мълчанието в събота 141

Мълчанието – разговор на сърцата 142
Поправянето не се случва с помощта на думите 143
Кога да говоря и кога да мълча 144
Мълчим, за да чуем Твореца 145

Няма насилие в духовното 147
В духовния напредък насилието е невъзможно 147
Везните на доброто и злото 148

Навикът е втора природа 150
Навикът формира нови свойства 150
Навикът може да се променя 151
Обкръжението формира навици 152
Обществото формира човека 154

Работа с пречките 156
Пречките - езикът на Твореца 156
Как правилно да реагираме на пречките 157
По лъжовния път няма проблеми 158
Победата над пречките е в обединението 159
В кабала няма златна среда 161
Какво е духовно равновесие 162

Разногласия 164
За какво са нужни разногласията 164
Противоположните мнения се допълват едно друго .. 165
Разногласията трябва да останат 167
Важно е да намерим истината 168
Главното- това е мнението на Твореца 169

Кабалистичната трапеза 171
Вътрешния смисъл на трапезата 171
Храната като висша светлина 172
Благословения до и след хранене 173
Съботните трапези 175
Мълчанието на трапезата 176
Кашерна и некашерна храна 177

Хлябът 177
Трапезите в Храма 178
Какво означава Египет 181
Как стигат до Египет 181
Египет – свят на егоизма 182
Изхода от Египет 184
СЕМИНАРИ 186
Пет правила на кръглата маса 187
Равенство 187
Една тема 188
Участие на всеки 188
Да слушаме и чуваме всички 189
Спор и критика 189
ОЩЕ ПЕТ ПРАВИЛА НА КРЪГЛАТА МАСА 190
Без диалози 190
Естествените реакции 190
Лозунги и цитати 191
Колективно решение 192
Хармония 192
ЗАКЛЮЧЕНИЕ 194

ПРЕДГОВОР

Авторите на книгата са с почти тридесетгодишен преподавателски опит в Международна академия по кабала „Бней Барух". Изучаването на кабалистичните източници на теория и практика под ръководството на кабалиста д-р Михаел Лайтман, даде възможност да бъде написана тази книга.

„Пътеводител за духовно развитие" се състои от три основни раздела: „Творец и творение", „Духовни състояния", „Принципи на духовната работа".

Първата част подробно обяснява какво се крие зад тези понятия. Човек, който не е запознат с кабала ще бъде изненадан от кабалистичният смисъл на понятията Творец и творение, които кардинално се различават от общоприетите.

Във втората част „Духовни състояния", както следва от самото название се разглеждат многочислените и необикновени преживявания, с които се сблъсква човек при изучаването на кабала. Тези разнообразни и често противоположни състояния са детайлно анализирани и систематизирани.

Начинът, по който човек се отнася към състоянията, през които преминава и какви практически стъпки прави във всеки отделен случай, се разглежда подробно в третата част на книгата: „Принципи на духовната работа".

Допълнителната четвърта част „Семинари" пояснява принципите на практическите упражнения в кръг, които се изпълняват в група.

Тази книга в същността си е учебник и може да стане добър помощник на хората, правещи своите първи стъпки по пътя към духовните върхове.

ТВОРЕЦ И ТВОРЕНИЕ

Усещане за Твореца

Какво е това Творец?

Във цялата реалност присъстват само два фундаментални елемента - „Творец" и „творение" – „Висш" и „Нисш". В кабалистичните текстове се използват множество от термини и изрази, които подчертават взаимодействието между тези два фактора.

Под Творец ние разбираме Висшата сила на природата. За определението на понятието „Творец", съществуват много определения и названия. Често думата Творец се заменя с неговото главно свойство, което на иврит се нарича „ашпаа"[1]. На български се превежда с думата отдаване. На иврит тази дума носи по-сложно смислово значение и това трябва да се има предвид за по-доброто разбиране.

В началните етапи на духовния път тези понятия нищо не ни говорят. Затова ние сме принудени да прибягваме към непрекъснати уточнения и сравнения. Заедно с това не трябва да забравяме, че нито една дума, колкото и красноречиво да звучи, не е по силите й да замени даже и най-незначителното лично преживяване. Точни аналози на усещането на Твореца в нашия материален[2] свят няма и не може да има.

Дори и най-яркия, колоритен, наситен разказ за вкуса на шоколада не може, не само да замени, но даже и да ни приближи към реалното усещане и удоволствие, което възниква от него, когато се топи в ус-

---
1 Ашпаа – възможност да измениш, да подтикнеш към действие; влияние, въздействие.
2 В кабала думата материален означава егоистичен.

тата ни. Понеже няма подходящ аналог, в нас няма никаква възможност да предадем на друг човек тези усещания, които изпитваме от това или друго наслаждение.

Твореца също така се нарича „Боре", което в буквален превод означава „Ела и виж". Това изразява идеята, че променяйки себе си - „бо", ние сме способни да усетим него - „ре".

Изучаването на кабала ни открива път към придобиването на свойството отдаване (ашпаа). С развитието на това свойство, ние започваме да усещаме Твореца. В човек се появяват нови инструменти на познанието, които се наричат „келим".

Думата „келим" е множествено число на думата „кли". Терминът „келим" на иврит включва в себе си два аспекта - инструмент и съсъд, което подчертава неговата важност в процеса на духовното развитие.

За материала на Творението

Ние сме създадени от материал, който се нарича „желание за получаване", а по-точно - „желание за наслаждение". Следователно за да се изпълни всяко действие, било то физическо или умствено, на нас ни е нужна енергия, която се проявява под формата на удоволствие. По същество в нашия свят нищо не се придвижва без егоистична мотивация. Това е достатъчно очевидно. Ние се стремим към наслаждения и удоволствия и така се придвижваме в различни сфери на живота. Заедно с това ние осъзнаваме, че наслажденията обикновено са краткотрайни, а цената, която трябва да платим за много от тях, може да се окаже прекомерно висока.

Осъзнато или неосъзнато всички ние оценяваме своите желания да се насладим и на основание на тази оценка ние полагаме усилия.

За постигането на успех в нашия свят е важно да имаме ясно изградена ценностна система. Предаваме тази система от ценности на нашите деца, учим ги към какво трябва да се стремят, какво е най-добре да избягват, за да не навредят на себе си.

Ние не притежаваме мотивация за духовно развитие, тъй като духовният свят е основан на желанието за отдаване, а в същото време нашето естествено желание е да получаваме. Поради тази причина не можем да усетим духовния свят.

Духовното отдаване преминава през нас като невидимо излъчване, което ние въобще не усещаме. Както животните не възприемат човешките идеали, така и ние не усещаме безкрайните духовни светове и тези невероятни събития, които се случват там.

Главният наш проблем е в това, че не виждаме или по-точно не постигаме онова, което управлява всички нас, т.е. Твореца.

За да го усетим, е нужно да започнем да ценим свойството отдаване. За това са ни необходими:
Учител;
Книги;
Другари.
С тяхна помощ можем да разберем важността на това несвойствено за нас качество.

Ние сме създадени по този начин, че нещо, което е важно за околните е важно и за нас. Ако всичко, което ни заобикаля излъчва важността на свойството отдаване и ако ние възприемаме тази важност, то с времето, това ново свойство, което изначално не ни е присъщо, може да стане наше собствено.

Усилията, които ние полагаме за получаване на свойството отдаване, призовават висшата светлина, която променя нашето изконно желание за получаване в антиегоистичното свойство на Твореца – желание за отдаване.

Какво означава да вкусиш Твореца

Вкусът е нашият основен орган на чувства, който ни предоставя най разнообразни и даже противоположни форми на наслаждения. Това е особено забележимо по примера на малките деца, които демонстрират колко важна роля играе вкусът. Децата винаги се стремят да опитат на вкус всяка вещ или предмет, били те годни за консумация или не. Не случайно в кабала се казва: „Опитайте и ще видите колко добър е Твореца" – (Тааму ве реу ки тов а-шем).

В духовното постижение на Твореца участват всичките пет органа на усещанията и всеки един има много широк диапазон на възприятие, въпреки че вкусът остава основен сред тях. Вкусът на Твореца - това е вкус, който възниква при напълването с висшата светлина, при усещането на любов и отдаване. Освен това се има предвид и работата с екрана[3], защото духовният екран се намира в пе де-рош. Светлината, която влиза през пе де-рош[4] вътре в гуф (тяло), се нарича таамим (вкусове). В този случай да вкусиш, означава да приемеш в този сензор висшата светлина. Тогава според степента на силата на екрана, т.е. степента на настройка на този орган на чувствата, вие ще вкусите, ще получите вътре в себе си ор пними (вътрешна светлина). Тази светлина ни дава постижение на Твореца.

Екранът (масах) е като клапан, който регулира желанието да се насладим, за да го присъедини към намерението за отдаване. Този процес на работа с екрана продължава до окончателното поправяне (гмар тикун).

---

3 Екран (иврит - масах) силата на съпротивление срещу егоизма (желанието да получиш за себе си)
4 Пе де рош дословно в устата на главата- това е частта, в която се случва взаимодействието на Висшия свят с екрана.

Органи за възприемане на Твореца

Ние изучаваме, изследваме света и себе си, с помощта на петте сетивни органа:

Зрение, слух, обоняние, вкус и осезание. Практиката показва, че това е абсолютно недостатъчно. Ние сами осъзнаваме, че сме ограничени в разбирането на света и самите себе си и постоянно грешим. Нашите грешки ни струват доста скъпо, защото ни причиняват многочислени страдания. За да преодолеем този проблем, ние развиваме науката, различни методи и инструменти, за да разширим диапазона на нашето възприятие. Въпреки това, кардинално решение не съществува, защото така или иначе цялата постъпваща информация се улавя и разшифрова от тези пет органи на чувствата.

За да усетим духовния свят, на нас ни е нужен нов, абсолютно неизвестен до момента инструмент на усещане. Досегашните органи на възприятие трябва да се променят коренно, тъй като те трябва да са в двустранно взаимоотношение с Висшия свят, където нивото на постъпващата информация е в милиарди пъти повече, в сравнение със сега. Това се постига благодарение на факта, че ние започваме да усещаме не своите, а сякаш милиони чужди органи на възприятие.

След замяната на намерението за „получаване заради себе си", в намерение за получаване „заради другите" ние отваряме нашия егоистичен пашкул и разкриваме Висшия свят. Такова намерение се нарича „Лишма".

Ние активно взаимодействаме, дори играем с Висшия свят. Това се нарича духовен живот.

Какво означава да усетиш Твореца

Да усетиш Твореца означава да встъпиш в някакъв диалог с висшата сила, която управлява всичко, което се намира в нашите усещания: вселената, звездите, нашата планета, човечеството.

Човек започва целенасочено да въздейства на тази висшата сила, а тя на него. В резултат на този контакт човекът се развива, постига висшата сила, става равен с нея по знания, разбиране, въздействие. Неговият живот се променя радикално към по-добро и в това се намира целта на неговото развитие.

Това е аналогично на научния подход в изучаването на света. Научните изследвания са насочени към това, по-добре да разберем света и себе си и в крайна сметка да подобрим нашия живот.

Разликата между тези видове познания се състои в отношението ни към реалността. Науката задвижва егоистичния и потребителски подход към живота в съответствие със сегашната ни природа. Висшият свят се намира в друга реалност – алтруистичната, затова ние, с нашите егоистични намерения нямаме достъп до него.

За да използваме висшите сили и свойства, е необходимо нашите сили и свойства да им съответстват, т.е. да станат алтруистични.

Алтруистичният (духовен) подход към живота няма нищо общо с този алтруизъм, който ни е познат. Сегашното ни разбиране за алтруизъм, се базира на егоистична основа, поради това такива алтруисти са готови на всичко, за да накарат другите да приемат техните псевдо-алтруистични идеи.

Истинският алтруист не може да мисли за личното си благо по принцип, а само за благото на другите. Само с такива свойства можем да познаем Висшият свят.

Във висшият свят човек излиза от рамките на времето, пространството, придвижването и може да управлява своята съдба. Той познава висшата хармония и получава достъп до висшите наслаждения.

В кабалистичните източници се говори, че всичките наслаждения на всички хора през цялата история на човечеството не могат да се сравнят дори с един грам от истинското духовно наслаждение.

Защо духовното наслаждение се отличава с такава невероятна мощ? Същността е в това, че **духовното наслаждение възниква на границата на две противоположни състояния,** водещи до вътрешен неразрешим конфликт, след това идват безнадеждността и отчаянието. В духовния свят именно от крайните противоположни състояния възниква ново ниво на решенията, което създава допълнителен обем на висшия свят.

ВИДЕО ПО ТАЗИ ТЕМА ⟫⟫⟶

Той и неговото име са единни

Творец

Той е Твореца. Неговото име това е Неговото проявление във всички творения. Всичко, което ние усещаме се явява единствено проявлението на Твореца в нас.

Сам по себе си Твореца е скрит. Можем да го открием само с помощта на определен инструмент – съвкупност от хора, които са обединени в общ стремеж към отдаване, в обща любов и доброжелателно взаимосвързване.

В резултат на такава връзка се генерира особено поле, което се нарича „Поле благословено от Твореца" (Саде ашер бирху а-Шем). В това поле каквито и отрицателни и противоположни да са били нашите свойства, Твореца се проявява във вид на любов и отдаване.

Обобщеното име на Твореца е БОРЕ. Всички останали имена са частни случаи на Неговото име.

Например (Кадош Барух Ху[5]) – така се нарича парцуф[6] зеир анпин[7] в света Ацилут. Това е особено, специално, ограничено проявление на Висшата сила, която се нарича Творец.

---

5   Свят Благословен Той
6   Парцуф, мн. число парцуфим – духовен обект, състоящ се от глава (приемаща част), тяло (получаваща част) и крайници (части, които създават ограничение за завършване на получаването на светлината)
7   Едно от свойствата, които Твореца е приел върху себе си по отношение на творенията

Той

При кабалистите съществува израза: „Той и Неговото име са единни" (Ху ве шмо ехад). Това означава Твореца се проявява в Своето име.

Светлината в света на безкрайността се нарича ТОЙ, а желанието за получаване в безкрайността се нарича „Неговото име". Те и двете се намират в състояние на просто единство, тъй като между тях няма никакво отделяне.

Числовото значение (гематрия) на думата Шмо (Неговото име) се равнява на думата „рацон" (желание). Той – това е Твореца. Четирибуквеното му име „юд-кей-вав-кей" – това е модел на нашето желание. Неговото име – това е състояние, когато множество от хора (десет и повече) могат така да се съединят и координират, да се съчетаят и обединят помежду си, като едно единно цяло в отдаване и поддръжка един за друг.

В това единно поле се проявява общата сила на това поле, което се нарича Творец.

В първоизточниците е написано: „Цялото мироздание – това е проявление на имената на Твореца." - т.е. Твореца във всичките си проявления спрямо нас, ни се проявява като Природа.

Завесите на света на безкрайността

За да се приближим към света на Безкрайността, за нас е необходимо да променяме в съответствие с Неговите свойства, нашият поглед към себе си, към обкръжаващите ни, към този свят, в който ние се намираме. За това се казва: „Той и неговото име са единни".

Доколкото ни е възможно ние изясняваме кой е този „Той" и какво е това „Неговото име" и как, с кой детайли на възприятието, да ги слеем в едно цяло. Така ние се придвижваме по стъпалата на стълбата на духовните светове назад в света на Безкрайността.

Тези светове не се намират около нас, а вътре в нас. Те са необходими, за да можем ние постепенно и със собствени усилия сами да ги разкрием.

Светът усещан от нас като обкръжаващ ни, ни се показва по такъв начин, за да ни даде възможност да бъдем активни участници в процеса на развитие.

Трябва да се научим правилно да използваме всички аспекти и компоненти на този свят. Ако това не се случи, тогава в зависимост от нивото на неговото развитие, светът ще започне да изпитва различен натиск: кризи, конфликти, трудности и различни бедствия.

Под натиска на тези събития нашият свят се формира в съответствие със Света на Безкрайността.

Светлината се намира в абсолютен покой. Желанието на човека, неговите вътрешни и външни съсъди създават обкръжаващата реалност.

Тора и гмар тикун

Текстът на Тора по своята същност разказва за това, колко е важно да се обръща внимание на чувствата и отношенията между хората. В тези отношения било то приятелство, любов или дори обикновеното общуване е скрито нещо повече, нещо което е свързано с Твореца. Това означава, че когато ние изграждаме отношения с останалите хора, когато проявяваме доброта, разбиране и уважение, ние можем да усетим близостта на Твореца.

В бъдеще в последния стадий на развитието (гмар тикун), хората ще могат напълно да разбират и приемат всичко хубаво, което Твореца е приготвил за тях. В този момент Твореца и Неговото Име ще станат единни.

Неговото Име

Неговото име представлява особено състояние, когато десет и повече хора могат да се обединят по такъв начин, че да станат едно цяло, образувайки поле на взаимно отдаване и поддръжка.

В това обединено поле се проявява общата сила, която се нарича Творец.

Всеки път, когато установяваме нова връзка между нас, Твореца се проявява и ние му даваме име. Поради тази причина се казва, че Твореца има много имена и целият свят е проявление на Твореца и неговите различни характеристики.

Неговото име е състояние, в което ние започваме да разбираме и да усещаме Твореца така, както ние усещаме и разбираме човека, когато се обръщаме към него по име.

ВИДЕО ПО ТАЗИ ТЕМА ⟶

Важността на духовното

Материалното и духовното

Кабалистичната методика не предполага пренебрежително отношение към нашия материален свят. Същността на методиката се състои в повишение на важността на духовните ценности, без отделяне от обичайния живот. Ние работим на две паралелни плоскости. От една страна семейство, работа, свободно време и др., а от друга страна полагаме усилия да повдигнем всичко това към духовните ценности, издигнати над главата ни като чадър.

Такова съотношение на усилията в тези две различни измерения способстват за максимален духовен ръст и нормален, балансиран материален живот.

Как измерваме чувствата

В нашия свят ние сме свикнали, че желанията и напълванията се измерват в познатите ни мерни единици: метри, килограми, секунди и др.

В духовното пространство тези мерки са ненужни, доколкото обектът на измерването няма познатите за нас физически форми. Във висшия свят ние измерваме съвсем друго – чувствата. На чашите на духовната везна поставяме нашите отношения към другите. Условният грам на моето отношение към нещо важно в моите очи, може да изпълни цялата вселена. Затова нашите измервания в духовния свят са напълно субективни.

При изучаването на кабала не следва да се стремим към натрупване на нови знания за увеличаване на интелекта. Главното е да изменим своите чувства и да разширим сърцето си. Сърцето се учи да възприема явленията, които в даден момент се намират зад пределите на нашите чувства и разум.

От важността на материалното към важността на духовното

Не е тайна, че ние се намираме под влиянието на реклами, които влияят на нашето възприятие на света, на нашите приоритети и нашия избор. Често предметите налагани ни от рекламите не съдържат в себе си никакви ценности, освен изкуствено раздут социален престиж. Рекламата не е само чрез медиите, а е всичко това, за което мисли, живее и се ръководи обкръжаващото ни общество. Ние не забелязваме, че нашите възгледи отдавна са фокусирани, конфигурирани, сформирани от обкръжението ни.

Всичко това не е случайно. Това е направено от Твореца и е предназначено, за да разберем, колко много ние зависим от нашата среда и как можем да използваме тази зависимост за повишаване важността на това, което искаме. Средата е това средство, което е дадено на човека, за да може съзнателно да повдигне важността на това, което е недостъпно днес т.е. духовния свят.

Ние строим духовния свят

За да се освободим от егоизма и да усетим духовния свят, за нас е необходимо да издигнем в нашите очи важността на духовните и алтруистични ценности, зад които стои само едно – Твореца. В това е същността на нашата основна работа. Важността на Твореца, даващ ни наслаждения трябва да се цени много повече отколкото самите наслаждения. В този случай ние преминаваме от усещанията на нашите ограничени рамки на материалния свят, към усещанията на безкрайността на Висшия свят. Аз разкривам Твореца в светлината на важността. Важността е така да се каже съкращение, екран и отразена светлина. Затова тази картина не изчезва, а остава постоянна и аз мога все повече да добавям и добавям към нея, защото аз съм я създал.

Ние не влизаме във Висшия свят, а го строим от собственото си желание за наслаждение с помощта на съкращението, екрана и отразената светлина. Той (Висшия свят) не съществува в готов вид, но са подготвени всички предпоставки, за да може ние да го създадем.

Всичко, което се случва е като на филм прожектиран от Създателя. През този филм аз искам да Го видя и да бъда в постоянна връзка с Него. Така ние започваме работа под ръководството на Висшата сила.

Важността на духовното х групата = на Висшия свят

Как да осъзная важността на това, което не виждам? Нещо, което не е свързано с мен дори и с най-тънка нишка. Кабалистите отговарят на този въпрос ясно и еднозначно. Нужна е група от единомишленици. С помощта на другарите ние изграждаме духовен съсъд – кли. Това е трудна работа, която изисква постоянни усилия.

Другарите (десетката) повдигат важността на Твореца, духовните ценности и човек от своя страна се старае да издигне тези ценности в очите на своите приятели. Така човекът и десетката започват почти от нулата със собствени усилия, по своя собствена воля, призовавайки на помощ Твореца, за да им помогне да усетят Висшия свят.

ВИДЕО ПО ТАЗИ ТЕМА ⟫⟫⟶

По действията Ти ще Те позная

Твореца, това не е физически обект

Мнозина са искали да разкрият Твореца. Кабалистите обясняват, че докато ние сме егоисти това е невъзможно. Това не е каприз или някаква изкуствено създадена бариера. Човек не разбира, не може или не иска да разбере, че Твореца не е някакъв физически обект, който се крие от нас на някакво място. Твореца не се крие никъде. Той е абсолютно обратен на нас по свойства и поради тази причина ние не го усещаме. Абсолютната любов и отдаване на Твореца не се съчетават с егоизма на човека.

Законът за подобие по свойства

Постигането на Твореца става в съответствие със закона за подобието по свойства. Това е основният закон на всички светове, включително и нашия. Става въпрос за възприемане на реалността като цяло. Ярък пример е радиоприемникът. Настройката на радиостанцията става като настроя радиоприемника на същата честота на вълната.

За да усетим Твореца, за нас е нужно да променим себе си, ставайки в нещо подобни на него.

Твореца - това е любов и отдаване, затова ние трябва в някакъв вид да формираме в себе си такива свойства. За тази цел се нуждаем от кабалистична група от хора, желаещи да осъществят това.

Десетката – инструмент за разкриване на Твореца

Кабалистичната група не е просто събиране на хора. В тази група се извършва специална работа по настройване на желанията и мислите на една обща вълна. Тази вълна трябва да стане прибор, който при правилна настройка ще започне да улавя алтруистичната вълна на любов, която Твореца генерира.

Настройката се състои в създаване на общо желание за промяна на собствените вродените егоистични свойства на алтруистичните свойства на Твореца. Само ставайки подобни на Твореца, можем да усетим Висшия свят.

„Десетката" е вътрешната структура на всички реалности и на всички светове. Четирите степени на пряката светлина АВАЯ[8] са се развили до десет сфирот на малхут на света на безкрайността.

Това е мини модел на цялото творение, включващо всичко. Затова, ако ние в десетката увеличаваме величието на Твореца, в действителност работим за поправяне на цялото мироздание.

Величието на Твореца е този ключ, който се превръта и прави от нас АДАМ[9]. Включвайки се в десетка, аз като с пъпна връв се съединявам с общата душа Адам Ришон, в която се разкрива Твореца.

---

8 АВАЯ (също Юд Хей Вав Хей – четирибуквеното име на Твореца. Отразява четири етапа на изграждане усещания за Твореца в нас.)
9 Думата Адам – носи в себе си много смислови значения. Означава Подобен на Всевишния „Едоме ле Елион"; Адам Ришон – Първият човек, който е получил желание да познае Висшия свят. Автор на книгата „Разиел Малах", („Тайният ангел"); Единна душа състояща се от множество частни души.

Тялото Адам Ришон се състои от множество клетки – десетки. Да съединим всички клетки в общата система Адам Ришон - това е нашето поправяне и в това се състои целта на Творението.

Работата в група влияе на цялото човечество. Не съществува принципна разлика между малка десетка и човечеството. Когато ние, със своите действия в групата пробуждаме Висшата сила, влияем на целия свят. В това е особеността на интегралната система - всяка десетка съдържа всички части на света. Десетката в същността си е канал, който предава на всички разкриването на Твореца.

Десетката е духовния съсъд на Твореца. Центърът на десетката е сфира есод, чрез която Твореца се проявява по отношение на мен.

Без десетката аз не съществувам. Групата (десетката) е моя единствен капитал. Всичко, което събираме в нея, то е завинаги, защото там се разкрива Твореца.

Десетката защитава човека, намиращ се в нея. Затова десетте сфирот в кабала се наричат „БЛИМА" – задържане, спирка, буфер.

Работата се разделя на два етапа: работа, относно приятелите в групата и работа относно Твореца (място).

„Мястото" – това е десетката. Съгласно степента на връзка с всички приятели, аз мога да се съединя с „мястото".

Няма Творец без „място" на нашето съединение. Няма светлина без съсъд.

Даже аз да не съм в състояние да възприемам духовното нито със сърце, нито с разум, то в себе си имам щит – моята десетка. Аз се хващам и се държа за десетката, както младенецът се хваща и държи за своята майка. Ако не се държим за групата, ни очаква падение и живот на обикновен човек.

Групово подобие

В кабалистичната група могат да участват хора с различен цвят на кожата, високи, ниски, слаби и дебели. Няма значение характера и темперамента на човека. Обратно, колкото повече разнообразие, толкова по-добри условия за ефективна работа.

Подобието по свойства на групата не се измерват с материалните стандарти на нашия свят. Главният показател – това е едно общо намерение за промяна от егоистични на алтруистични свойства, за да се уподобим на Твореца.

ВИДЕО ПО ТАЗИ ТЕМА ⟫⟫⟶

Скриването на Твореца

Двойно скриване на Твореца

В живота на човека, потопен изключително в материалния свят не остава място за Твореца.

Когато човекът започва да усеща силата, която управлява всеки и се стреми да я разкрие с помощта на методиката на кабала, той влиза в състояние на „двойно скриване".

В това състояние човекът не вярва във възнаграждението и наказанието. Неприятностите и страданията отнася към случайността или природните въздействия.

Не е способен да усети присъствието на Твореца, нито в сърцето, нито в разума. Натрупват се неприятности и неуспехи. Молитвите не помагат. Когато престава да се моли нещата се оправят. Опитите да преодолеем своя егоизъм и вярата във висшето управление ни се струват безполезни. Лъжата и измамата водят до успех и финансово благополучие.

Според него всеки, който изучава кабала е глупав, болен, отхвърлен и лицемерен.

Тези, които не се занимават с кабала изглеждат преуспяващи, здрави, умни, добри и уверени в себе си хора.

Единично (обикновено, просто) скриване на Твореца

Единичното скриване само по себе си представлява уникално състояние, което съпровожда духовното движение на човека. На този етап човекът започва ясно да осъзнава принципите на духовното развитие. Затова всички трудности и проблеми свързва изключително с Твореца, а не с природата или със случайни събития. Той разбира, че само неговата собствена егоистична природа не му позволява да усети Твореца, като добър и творящ добро.

На този етап се натрупват проблеми, неуспехи, болести, преживявания и неразбиране от страна на обществото. Заедно с това човекът продължава да изучава кабала, като по този начин активира поправящата светлина и в крайна сметка разкрива Твореца.

Редуване на скриванията: двойно - единично - двойно – единично

Състоянието на двойно скриване стъпаловидно се променя на състоянието на единично скриване, а след това отново на двойно скриване.

Движейки се напред, човек анализира редуването на подеми и спадове и по този начин коригира възприятията си.

Периодите на подеми и спадове съответстват на редуването на единичното и двойно скриване на Твореца. Тези състояния се изразяват в съмненията и противоречията, в контраста на светлината и тъмнината.

Въпреки всичко, е необходимо да се продължава движението, тъй като само от такива състояния може да се разбере принципа на висшето управление.

Редуването на светли и тъмни периоди, благоприятни и неблагоприятни състояния, използването на сили взети от добрите състояния, за оправдаване на лошите, определят движението в средната линия.

Връзката с Твореца се изгражда чрез равностойното използване на състоянията на светлината и тъмнината. Така действат хората, които се стремят да станат подобни на Твореца, подобни на Адам. За тях скриването става едновременно и разделяща стена и средство за разкриване.

Връщане от двойното скриване

В двойното скриване човек не вижда, че зад всичко, което се случва в света стои Твореца. Всичко и всеки го ядосва и предизвиква у него гняв. Той се намира в падение или окончателно напуска.

Въпреки това, ако човек предварително е построил силни отношение с групата, то във време на падение, това ще му помогне.

Приятелите ще му припомнят, че в живота има цел, за достигането, на която си струва да се положат усилия. Всичко останало е временно и обречено на забвение. Тази поддръжка го връща към мислите за целта и в него се появяват сили да продължи по духовния път.

ВИДЕО ПО ТАЗИ ТЕМА ⟫⟫⟫ ⟶

Разкриването на Твореца

Разкриване на Твореца в десетката

Разкриването на Твореца включва в себе си качествени и количествени показатели. Степента на разкриване зависи от нашите способности да включваме повече и повече приятели в своето кли. Това влияе положително на качеството на разкриването дотолкова, доколкото всяко ново кли добавя към основния тон своята уникална честота.

Процесът на разкриване на Твореца започва от най-ниското състояние. Казано е в първоизточниците: „От прах си дошъл и в праха ще се върнеш". Да се издигнем над този прах ни помага групата: „Човек да помогне на ближния".

Във времето на търсене на Неговото (на Твореца) присъствие, човек преминава през множество междинни състояния, след което Твореца постепенно му се разкрива.

Нивото на разкриване се определя от големината на желанието на човека да бъде подобен на Твореца.

Това се случва внезапно

Като правило това се случва внезапно. Човек не знае за това до мигът на разкриването. Той изведнъж усеща озарение в разума, в чувствата и природата се разкрива в цялата си безкрайна дълбочина.

Нашият свят, света който ние възприемаме с петте органа на сетивност, никъде не изчезва. Заедно с това идва осъзнаването, че всичко в този свят се намира под управлението на Твореца. Няма никой, освен Него!

Идва усещането, че Твореца е добър и творящ добро. Човекът чувства душевно равновесие и покой. Желанията, според степента на проявление се напълват незабавно. Добрите дела водят към успех. Ако човек намали броя на добрите дела, състоянието му се влошава.

Заработва с лекота необходимото, грижите му си отиват и във всичките дела го съпътства успех.

Видимо тези, които се занимават с кабала процъфтяват, имат добро здраве, уважавани са, спокойни са и с тях всички се чувстват комфортно. Обратно - тези, които не изучават кабала не се разделят с проблемите, измъчват ги грижи, те са болни, неустроени, презирани, лъжливи и лицемерни и е абсолютно непоносимо да се намираш в тяхната компания.

Това състояние се нарича „възнаграждение" и „наказание".

Разкриването се случва на фона на скриването. И двете състояния съществуват едновременно. В своето стихотворение Баал Сулам пише за това състояние:

„Сияещ от Висините!
Там зад завесата на екрана.
Тайните се разкриват на праведните,
Светлината и тъмнината
заедно блестят.

(Какво означава „заедно светлина и тъмнина"? Това означава, че келим ще бъдат подобни на светлината.)

Колко е прекрасно да познаем Всевишния,
(Неговото управление над нас)

Но внимавайте да не го докоснете,
(Така че нашите изследвания да се случват само в намерението заради отдаване).

*Тогава пред вас ще се вдигне тази
кула на Оз - – тайнствена и прекрасна.
Истината чудно върху вас ще засияе,
Само нейната уста слово ще изрича.*

(Ще видите всъщност, до каква степен това, което е било в този свят, което е изглеждало лошо, вредно, невъзможно да се оправдае, се е усещало от нас в резултат на непоправеността на нашите келим.)

А онова, що в откровение се разкрива, –
(В поправените келим.)

само вие ще видите – и никой друг няма да го съзре.
(Това означава, че всичко се разкрива само на човека, поправящ своите келим, а не на някой друг. И не е възможно на друг да се обясни това, защо онова, което аз усещам по този начин – го усещам аз. Това се нарича „всеки отхвърлящ отхвърля със собствените си недостатъци".)

ВИДЕО ПО ТАЗИ ТЕМА ⟫⟫⟫ ⟶

ДУХОВНИ СЪСТОЯНИЯ

Пътят на Тора и пътят на страданията

Цялото човечество се издига във Висшия свят към състоянието на съвършенство и вечност. Ние така или иначе сме длъжни да достигнем до това състояние. По дългия и естествен път с огромни страдания или лекия и добър път на Тора - пътят на поправяне на свойства ни.

Пътят на страданията - това са земните страдания от всякакъв вид. Те се отнасят до най-ниското стъпало и поради тази причина се простират в продължение на дълги години.

Пътят на Тора – това е страдание от по-високо ниво, което настъпва и преминава много по-бързо. Страданието от по-високо ниво - това е стремеж към единство, зад който стои Твореца, а страданието от по-нисшите степени – това е стремеж да се напълнят желанията на тялото. По това се различават.

Важно е да разберем, че пътят на Тора не изключва появата на проблеми в живота на хората. Въпреки това този, който върви по този път, ги възприема по различен начин, тъй като се променя неговото отношение към тях и техния източник.

В нашия свят действат абсолютни закони. Действията в рамките на тези закони, допринасят за придвижването напред. Ако ние ги игнорираме, то рамките на тези закони започват да оказват натиск върху нас. В това е основната разлика между пътя на Тора и пътя на страданието.

Важно е винаги да търсим такива качества, като любов, отдаване, единство и обединение. Тях можем да ги получим от правилното обкръжение, което е на по-високо духовно ниво.

Мислите на хората, подобно на вирусите се предават от един на друг. Те не просто витаят във въздуха, те са час от мрежа, която сграбчва всички ни в силни връзки, въпреки че ние не го усещаме.

Цялата тази мрежа с всичките видове връзки, светлини, детайли на възприятие, с всичките си епапи на разкриване се нарича Тора.

Ако аз се опитам да разкрия тази мрежа, защото чувствам голяма отговорност за целия свят, за разкриването на Твореца, то сам „пробуждам зората". Ако мрежата се разкрива без моето участие, тогава идва пътят на страданието.

Важно е да се разбере, че човек не контролира нито своето минало, нито своето бъдеще. Той може да влияе само и единствено на настоящия момент. Изборът между пътя на Тора и пътя на страданието означава обръщане към Твореца за поправяне на себе си, а не на външните обстоятелства.

ВИДЕО ПО ТАЗИ ТЕМА ⟫⟫⟶

РАВНОДУШИЕ

Безразличието е липса на величието на Твореца

Безразличието е много важно усещане, тъй като то показва колко му липсва на човека величието на Твореца. Безразличието до степен отхвърляне е естествен процес, през който е необходимо да се премине.

Състоянието на безразличие говори за това, че човек не е построил силна връзка с групата. Веригата: „Исраел, Тора, Творец" не действа и поради тази причина настъпва безразличие. Няма нищо по-лошо от това. Несъгласието и противоречията принуждават да се действа, изяснява и търси. В състоянието на безразличие може да се заседне години наред.

Безразличието – това е такова състояние, в което човекът получава възможност да разбере своята първопричина.

Духовният корен на безразличието идва от състоянието на покой, за което така жадува нашето его. Това е най-основната форма на наслаждение. Когато ние повърхностно си почиваме потопени в развлекателно съдържание, наслаждаваме се на приятни мелодии, вкусна храна и приятни аромати. В този момент духовното развитие отстъпва на заден план.

Безразличието идва тогава, когато нашата вътрешна точка, която е свързана с духовността престава да свети, тъй като ние не сме положили достатъчно усилия за установяване на връзка със своите духовни обкръжения.

Затова е важно да се разбере, че независимо от това дали човек поддържа текущото си състояние, или протестира срещу него, главното е да не остава безразличен, да не бъде „нито риба нито рак". В този период човек определя как да продължи напред.

ТРЕПЕТ И СТРАХ

Трепет

Трепетът е характерен за състоянието тревога, отдалечаване, усещане за нещо неясно, не много осъзнато и заплашително. Усещането на трепет съществува, както в обичайни състояния, така и в духовни.

Трепетът пред Твореца е усещане за пълна зависимост от Него, а също и усещането за предпазливост, когато се обръщаме към Него. Твореца е образ и идеал за отдаване, любов и изход от себе си. Той е Абсолют, затова можем да се обръщаме към Него, само като към някого много важен и специален.

Трепетът включва в себе си огромното желание на човека да бъде подобен на Единната сила, стремежът му да се присъедини към нея и страх, че няма да бъде в състояние да направи единственото, което очаква от него тази Единната сила.

Няма по-голяма грижа, по-голям трепет от съхранението на свойството отдаване и съхраняване на връзката с всички.

Най-високо ниво на трепет се нарича „Йерушалайм" т.е. „иръа шлема" (ивр. абсолютен трепет). Той се изгражда над всякакъв егоизъм и преминава в състояние на отдаване и любов.

Страх

Страхът е усещане, възникващо тогава, когато съществува вероятност от това да не получиш или да загубиш вече съществуващо напълване. Има също и по-напреднали видове страх. Например страх от неспособността да бъдеш поръчител за приятелите си.

В Талмуд (Шабат 31;2) се казва, че вярата не може да се прояви без чувството на страх. Затова, ако човек изпитва любов към Твореца, той е задължен да добави към това чувство и чувството на страх. Т.е. дали не е ли замесен тук егоизма?

Най-тежкият вид страх се нарича „аярат малхут". Това е усещане за бездна – черна, бездънна, непрогледна. То е потресаващо с това, че точно под краката на човека се разкрива мрака на безнадеждността, ужасът от липсата на всяка опора, от пълното изчезване на обкръжаващата светлина, даваща усещане за бъдещето, за утрешния ден, за следващия миг.

Страхът като движеща сила

Съществуват много видове страх, но в крайна сметка те трябва да бъдат насочени към един и същи източник – Твореца. Човек не може да напредва в духовното само с помощта на положителните сили. Всеки нововъзникващ страх тласка човека напред.

Написано е в Тора: „Всичко е в ръцете на небесата, освен страха от небесата." Нашият егоизъм позволява да се движим, само ако изпитваме страх. Той ни принуждава с всякакви действия да неутрализираме това чувство. Ето защо, ако човек изпитва страх пред Твореца, в него се появяват сили и желание да работи.

Страхът пред Твореца е основан на опасението, че няма да успееш да направиш заради Твореца всичко, което би могъл да направиш. Такъв страх характеризира алтруистичното свойство на духовния обект, за разлика от егоистичния страх, че няма да получиш напълване на своите потребности.

Усещането за страх пред Твореца трябва да бъде причина и цел на усилията на човека. На следващия етап с помощта на достигнатите свойства човек вече може да получи всички приготвени за него наслаждения заради Твореца. Това състояние се нарича „гмар тикун" (окончателно поправяне).

Разликата между трепета и страха

Състоянието, в което човек се притеснява, че не може да отдава на другарите и с тяхна помощ на Твореца, се „нарича трепет". Страхът е по-нисше състояние, свързано с нашето животинско тяло, с нашето желание да се насладим.

Разликата между страх и трепет се състои в това, че страхът е природно състояние, което съществува и у животните. Трепетът възниква в резултат на духовната работа и въздействието на висшата светлина.

ВИДЕО ПО ТАЗИ ТЕМА ⟫⟫⟶

Клипот (кора)

Клипот съхраняват плода

Както е известно келим (желанията) са се разбили в света Некудим. Част от тези разбити келим могат да се поправят т.е. да станат отдаващи. Останалите келим не е възможно да бъдат поправени до „гмар тикун". Те се наричат „клипот".

„Клипот" (нечисти сили, обвивка, кора) – това е специална система, която не позволява да се докосваме до непоправените желания. Клипот сякаш стоят на стража, както е казано: „Клипа (кората) пази плода".

Ние ненавиждаме клипот и мислим, че това са зли сили, макар че на практика те са много полезни. Защитават ни, като ни ограничават, отблъскват и плашат. Те строят пред нас всевъзможни препятствия, които ние успяваме да преодолеем, само тогава, когато сме готови за това.

Ако малкото дете, можеше да прави каквото си поиска, то би навредило на себе си и/или на околните. Самата природа не му дава такава възможност.

Съществуват три вида клипот: **„Ураганен вятър"** (руах сеара), **„Голям облак"** (анан гадол), **„Всепоглъщащ огън"** (еш митлакахат).

Само преминавайки през тях, можем да влезем в света Ацилут.

Клипот създава усещане за време

Времето не съществува. Всичко, което правим в настоящия момент е написано предварително и е известно.

Съществува движение, както от миналото към бъдещето, така и движение в обратна посока, от бъдещето към миналото. Това са взаимосвързани и взаимозаменяеми процеси, протичащи и в двете посоки.

Усещането за времето идва при нас от клипот (егоистичните желания). Клипа разтяга времето като гума. Тя внася усещането за пространство между причината и следствието.

Ако ние се освобождаваме от егоизма, то този промеждутък изчезва. Причината се съединява със следствието и всичко се слива в един миг.

Клипат Нога

„Клипат Нога" е особено състояние – наполовина добро /наполовина зло. То е много деликатно и напрегнато. Човек сякаш не знае какво да избере – престъпление или благородна постъпка. Той се колебае все едно е разделен на две и не е по силите му да направи окончателен избор, тъй като не знае на коя везна да сложи последния решаващ грам.

От една страна той не е способен да се откаже от своето его, от огромното му желание да се наслади. От друга страна разбира, че ако не се освободи от егото си сега, няма да може да влезе в духовния свят.

В тази ситуация на човека могат да му помогнат само групата и висшата светлина.

Клипат Мицраим

Намерение без действие, както и действие без намерение се наричат „Клипат Мицраим". Всъщност те трябва напълно да съответстват един на друг.

Не просто така се казва, че човек трябва да работи осем часа на ден, шест часа да спи и да се грижи за семейството си. Не случайно животът ни е подчинен на такъв, на пръв поглед струващ ни се странен порядък.

Защо не живеем като ангелите, без нуждата от храна, да не се грижим за жена и деца, да не губим сили и време в борба с нелепи трудности, пречки и ситуации от ежедневния ни живот? Ако главното е намерението, защо не ни е позволено да се занимаваме само и единствено с това?

Работата е в това, че в началото на духовния път нашето намерение е много общо и не е изразено. И точно грижата за ежедневния живот ни позволяват да се настройваме към правилното намерение.

Поправянето на клипот и предпазването от тях е възможно само с помощта на групата

Работата по поправянето се състои в сортиране и подбор на свободните от клипот, годни за поправяне келим. Това е възможно да се сравни с борбата на организма с инфекциите, където първата крачка е изолация на огнището на инфекция от здравите тъкани. Предстои ни голяма и старателна работа, тъй като болестта е поразила всяка клетка от системата Адам Ришон.

Когато работата е изпълнена на 100%, т.е. всички клипот са сортирани, ще настъпи „гмар тикун" и тогава ще бъде възможно да се поправят и клипот.

За проявлението на клипот се използва светлината АБ-САГ, която позволява да се види кои желания са близки до светлината, кои са далечни и кои са напълно противоположни.

За да се предпазим от клипот е нужно да се стараем да се сближим с приятелите. Няма никакви други средства, защото клипа - това е желание да се отдалечиш, отблъснеш, изолираш от другите, за да се съсредоточиш върху себе си.

Обкръжението и групата имат важно значение в този процес, тъй като те ни помагат да се избавим от клипот. Групата ни поддържа, мотивира и вдъхновява.

В кабалистичната група е необходимо всяка секунда да отменяш себе си по отношение на околните, тъй като духовното развитие осигурява постоянен ръст на егоизма, а значи и постоянна свобода на избора.

В групата може да съществува обща клипа, която действа за разделението на другарите и включва такива негативни качества, като гордост и завист.

Поправянето на клипот се случва благодарение на подемите и паденията, което ни позволява да „издигнем" малко клипа (егоизъм) и по този начин да го поправим.

ВИДЕО ПО ТАЗИ ТЕМА ⟫⟶

Равенство

Съществува ли равенство

В същността си равенството противоречи на човешката природа. Всички ние често се стремим към него, даже неосъзнавайки каква е същността на това желание.

В природата не съществува абсолютно равенство и това е неизбежно. Ако всички бяха еднакви и абсолютно равни един на друг, то нямаше да съществува място за обмен, взаимодействие, обучение и развитие. Равенството би ограничило възможностите за разнообразие и проява на индивидуалност.

В природата съществува изобилие от разнообразие и различие. Именно това ѝ придава богатство, палитра от цветове и милиарди възможни свойства. Разнообразието и различието на обектите и явленията в природата, създават уникалността и пъстротата на света, правейки го удивителен и многообразен.

Какво трябва да бъде равенството

Въпреки че в природата то не съществува, човечеството се отнася към равенството, като към неоспорим факт, Ние разбираме какво означава да бъдеш повече или по-малко от другите, а когато говорим за равенство ние се объркваме.

Природата ни е създала различни и не е необходимо да изравняваме, унищожаваме или изтриваме тези разлики. Обратно ние сме длъжни, колкото е възможно повече да подчертаваме всички различия между нас и да ги правим по-открояващи се.

Идеята за равенството се състои в това, че всеки човек може максимално да използва своите способности и да допринася в полза на обществото. Равенството не означава уравниловка, а подразбира взаимодопълването помежду ни, което в крайна сметка допринася за хармонията.

За да достигнем равенството ни е необходим общ знаменател. Обществото не може да вземе върху себе си тази функция, защото индивидуалният егоизъм на хората не позволява това да се случи. Общият знаменател може да се намери само във висшата степен – Твореца. Тогава ще разберем защо сме толкова различни и как именно тези наши различия ни водят към истинското равенство.

Равенство в кабалистичната група

Всеки се ражда с различни дадености, в различни семейства, получават различно образование, възпитание, по различен начин възприема света и по своему усеща себе си. Развива се, съгласно изходните си данни – духовните гени. Но ако всеки от нас реализира себе си в хармония с останалите – тогава би имало истинско равенство.

Това прилича на начина, по който работят кондензаторът и резисторът при променливия ток. Тяхната работа е в постоянния обмен на циркулиращата между тях енергия.

Истинското равенство, основано на участието, преживяването и любовта, може да се създаде само като надстройка над първоначалното ни егоистично неравенство с всичките му производни. Казано е в книгата

Мишлей: „Всички престъпление ще покрие любовта".

Равенството се дава свише като средна линия и идва, заедно с разкриването на Твореца.

ВИДЕО ПО ТАЗИ ТЕМА ⟫⟶

СВОБОДА

Свобода или робство

Днес се приближаваме към разбирането, че ние всъщност не сме свободни. Законовите рамки и обществените споразумения, в които ние живеехме преди и където мислехме, че сме свободни, ни станаха тесни. Съвременното човечество се нуждае от друга форма на свобода - духовна.

Настъпва нов, надегоистичен етап на развитие. Все по-ясно се откроява разбирането, че егоизмът действа като управляваща сила, проявяваща се като наш господар.

От кабалистична гледна точка идеята за свобода се съдържа в осъзнаването, че всъщност ние нямаме свобода. Следващият етап е разбирането, че истинската свобода се състои в това да се освободим от егоизма.

Къде се крие свободата

Ако внимателно се вгледаме в понятието „свобода", ще открием, че няма никаква свобода и никога не е имало. Поне в смисъла, в който ние я разбираме. За нас свободата е възможността да правим каквото си поискаме. Но знаем ли защо нещо ни се иска да е точно така, а не по друг начин?

Означава ли, че сме управлявани?

Оказва се, че е лесно човек да бъде управляван и природата го прави само с две сили: наслаждение и страдание. Не е тайна, че наслаждението дърпа човека напред, а страданието го побутва отзад.

В този смисъл ние по нищо не се различаваме от животните. Въпреки че има някои разлики. Всичко се свежда до елементарна търговска сметка.

Човекът усеща миналото, настоящето и бъдещето, докато животните живеят само в настоящето. Затова ние, за разлика от животните, можем доброволно да тръгнем към страданията в настоящето, за да спечелим в бъдещето. Но същността на нещата не се променя. Ние сме под управлението на наслаждението и страданието.

Свободата – това е ограничение

За да излезе на свобода затворникът трябва добре да проучи мястото на своя затвор. Като начало изследваме законите, чрез които се държат в „тъмницата" на природата всичките й подопечни.

Правим това с обичайния пример за пшеницата.

Кабала обяснява, че всички обекти се намират под управлението на следните фактори:

1. Основата (първичната материя) на пшеницата не се променя никога. От пшениченото зърно може да израсте само пшеница, а не ръж или овес.

2. Програма на постоянните свойства. Под управлението на тази програма пшеницата преминава през една от зададените и форми: зърно, кълнове или клас.

3. Програма на изменящите се свойства. Това е програма под влиянието на външните фактори - наторяване, влажност, температура и други, от които се изменят количеството на добива, вкусът и други параметри на пшеницата.

4. Програма на външната среда. Няма случайности. Външните природни фактори се намират под управление. Но алгоритъмът на програмата не е подвластен на човека. На човек не му известно кога и къде ще има земетресение или торнадо.

Нека да обобщим. В първичната материя ние нямаме достъп. В програмата за постоянните свойства също нямаме. Програмата за развитие на външната среда също не контролираме. А какво имаме? Ние имаме избор само в избора на външната среда. Оказва се, че нашата воля се намира във фактор 3.

Начинът, по който ние се държим, обличаме, говорим, мислим и т.н. се определя от средата, в която ние се намираме. Средата- това не са само хората, които са около нас, в това число са и книгите, рекламата, телевизията, идеите и др.

Ние можем да променяме самите себе си, своята съдба, своя живот само с един способ - с помощта на външните фактори или с други думи с помощта на обкръжението.

В нашия свят няма свобода

На материално ниво свободата не е достъпна за нас. Представата за това, че „аз съм свободен да постъпвам както искам" е илюзорна. Нашите желания и решения се формират на подсъзнателно ниво, на основата на инстинкти, навици и обществено мнение. Даже изборът направен на късмет, не се явява свободен, защото ние предпочитаме случайността на съзнателното решение.

Под свобода ние разбираме състояниeто, в което външният натиск, особено от неприятни странични източници е сведен до минимум. Истинската свобода възниква, когато ние се намираме на кръстопътя на двете природи - духовна и материална. След избора ни на една от страните, свободата изчезва, както там, така и тук.

За да бъде истински свободен, човек трябва да се намира в постоянен конфликт между духовния и материалния свят. Това състояние изисква балансиране между две равни, но противоположни сили.

Когато те са еквивалентни, изборът е труден, приличащ на магарето, което не може да избере измежду две еднакви купи сено от коя купа да яде и накрая умира от глад.

Решението за истинската свобода идва свише - от Висшата сила. За да усетим свободата е нужно да не отдаваме предпочитание на едното състояние пред другото, а да ги съединим с помощта на Висшата сила. В това единение се крие истинската свобода. В крайна сметка цялото човечество трябва да премине през този процес, за да достигне до пълното усещане за свобода.

Как да се освободим

Нашият вроден егоизъм, в своята основа е устроен по такъв начин, че да ни подтиква към необходимостта да достигнем състоянието на любов към ближния. Единственият избор, който ни се предоставя от гледна точка на кабала е осъзнаването на този факт и стремежът да се издигнем над собствената си природа, което е равносилно на постигането на Твореца.

Пътят от егоизма към свободата започва с встъпването то в кабалистична група. По-нататък зависи от дълбочината на включване в групата, която вдъхновява поддържа и стимулира движението напред.

Атмосферата на взаимопомощ и въодушевление, която цари в групата дава възможност на човека да сключи специално споразумение с Твореца, относно обществените отношения. Става дума за любовта към ближния като към самия себе си. Този договор открива път към абсолютната свобода, но едновременно поражда парадокс: свободата се реализира чрез доброволното заключване в неговите рамки.

ВИДЕО ПО ТАЗИ ТЕМА ⟫⟫⟫⟶

СРАМ

Произход на срама

Чувството за срам се намира в източника на творението. Кабалистът Рабаш утвърждава, че срамът сам по себе си представлява самостоятелно творение.

Както е известно Твореца притежава свойството на абсолютно отдаване, в същото време Творението се характеризира със свойството на абсолютното получаване. Основата на техните взаимоотношения се намира в стремежа на Творението да получава това, което идва от Твореца.

За да стане Творението подобно на Него, Твореца е създал препятствия по пътя на получаването на наслажденията. Творението чувства бездната на разделението на отдаването и получаването, на себе си от Твореца. Това усещане на собствената си недостатъчност и зависимост от Твореца се проявява в Творението като чувство на срам, което го довежда до пълен отказ от получаване. Това действие и самоограничение на Творението се нарича „цимцум алеф" (първо съкращение).

Срамът анулира егоизма

В материалния (егоистичния) свят срамът не се появява в неживата, растителна и животинска природа, а само в човека. Това уникално чувство разграничава човека от животинския свят. Кучето не се изчервява, когато яде храна от земята или от това, че ходи без дрехи.

Срамът е мощно чувство, оказващо непосредствено влияние върху егото на човека, до неговото пълно потискане. Когато човек чувства себе си унижен в очите на другите, той може да предпочете смъртта, за да се избави от това усещане. При това не е обезателно, актът на унижение да се проявява външно. Достатъчно е да обявят бойкот на човека в социалните мрежи, за да го подтикнат към самоубийство. Периодически чуваме подобни случаи, особено в средите на подрастващите.

Срамът поражда намерение.

Кабалистите утвърждават, че Твореца за разлика от Творението, притежава свойството отдаване. Възниква въпросът, по какъв начин Творението, което изначално е замислено като получаващо, може да стане подобно на отдаващия и какво е тук мястото на срама. Един от класическите примери, които дават кабалистите, е свързан с домакина и госта. Този пример обрисува сложната динамика между желанието да даваш и желанието да получаваш, между Твореца и Творението.

Баал Сулам

„Да си представим, че човек идва на гости при своя приятел, който му предлага да похапнат. Естествено дори да е гладен, гостът първоначално ще откаже предложението, тъй като за него е неприятно да се усеща като получаващ, неспособен да даде нещо в замяна. Въпреки това, домакинът настоява, че изядената от госта храна ще даде на домакина голямо удоволствие. След като гостът се уверява в искреността на домакина, той се съгласява да приеме храната, тъй като повече не вижда себе си в ролята на получаващ. Още повече сега гостът чувства, че съгласявайки се да приеме угощението, допринася за удоволствието на домакина. По този начин въпреки глада, заради срама гостът не може да пристъпи към храната до този момент, докато домакинът не го убеди. Тук ние виждаме как се оформя нашият съсъд за приемане на храна.

Силата на убеждението на домакина и нарастващото съпротивление на госта преобразуват получаването в отдаване. Т.е действието получаване остава, но намерението се променя. По този начин съпротивлението, а не чувството на глад, става истинския съсъд за прием на угощението. (Баал Сулам, „Въведение в науката кабала."[10])

И така тайната за правилното получаване се крие в правилното намерение. Правилното намерение по време на получаване е това, с което Творението може да се уподоби на Твореца и по този начин да направи възможно получаването на безкрайно наслаждение.

ВИДЕО ПО ТАЗИ ТЕМА

---

10   Баал Сулам. Въведение в науката кабала. Kitvei Baal Hasulam. ARI. Israel. 2009. P. 164.

ГРЕХЪТ

Грехът е отклонение от целите

Целта на Човека е постигането на Твореца, който се разкрива в степента на подобие с Него. Осъществяването на тази велика цел прави живота на човека истински щастлив.

Действията, предназначени за достигане на тази цел, се наричат заповеди. Свойствата на Твореца- това са отдаване и любов. Следователно главната заповед е: „Възлюби ближния, като самия себе си". Отклонението от движението към тази цел се разглежда като грях.

Необходимо е човек да се учи и да оценява своите постъпки в съответствие с това, доколко те го приближават до постигането на Твореца или го отдалечават.

Грехът - молитва за себе си

Молитвата или молбата, съсредоточени изключително и само за лични нужди, отделят човека от Твореца, защото Твореца като висша сила на природата е настроен към обединеното човечество и на стремежите на хората към такова обединение.

В крайна сметка това трябва да доведе към възраждането на усещането за хармония и единство от обединението в една душа, когато човечеството се връща към усещанията на Висшия свят, ставайки отново Адам.

Грехът - изключване на мислите от Твореца

Хората често се заблуждават, мислейки, че те се явяват господари на своите грешки и могат сами да ги поправят. В основата на това самомнение се намира егоизма и не е по силите на човека да го измени. Само силата, която лежи в основата на всичко съществуващо, т.е. Твореца, може да осъществи преобразуването на егоиста в алтруист. Затова трябва да се обръщаме към Твореца с молба за такова поправяне.

Отказът на човека да признае ролята на Твореца в своя живот и в мирозданието се смята за грях. Грехът е заблуждението, че не Твореца действа, а самият човек или някакви природни сили.

По този начин, признавайки своите ограничения и неспособност за самостоятелно поправяне, е първата крачка към истинското духовно развитие.

Поправянето на своя вътрешен свят и прехода от егоизъм към алтруизъм, започва с осъзнаване на връзката с Твореца и признаване Неговата роля в нашия живот.

Грехът – използване на своя егоизъм във вреда на другите

Егоизмът сам по себе си не е грях, тъй като това е нашата естествена природа. Грях е, когато ние го използваме по такъв начин, че той носи вреда на останалите. Всичко е много просто: действия, насочени за лично облагодетелстване, които носят вреда на околните, се явява грях. А постъпки или мисли, насочени за получаване на лично благо без вреда за останалите не се счита за грях.

Не само нашите действия, но и нашите намерения трябва да съответстват на този принцип.

Грехът - взимаш повече от необходимото

Ако човек в нашия свят ползва повече от това, което му е необходимо за нормално и достойно съществуване, това се нарича „грях".

Става дума за обичайното съществуване на нормално материално ниво. Това е същото, към което автоматично се стреми всяко животно. Дайте на кравата торта, налейте на коня шампанско – това не им е необходимо, както не им е нужен матрак.

Човек трябва да има достатъчно от това, което е необходимо за неговото тяло, а всичко останало, което се отнася до нивото „човек", трябва да бъде насочено към духовното постижение, към достигането на Висшия свят.

Животът е даден на човека за това, за да влезе той във Висшия свят през този си живот. Грехът е в това, че човек се отнася с пренебрежение към тази цел.

Творческите стремежи на човека, неговите увлечения в изкуството и науката не трябва да бъдат самоцел. Те са предназначени за издигането на човека към единството и хармонията, за подема над ежедневните грижи и стремеж към по-високо духовно равнище.

Грехът ни отделя от Твореца

Грехът дава усещането за отдалечаване на човека от Твореца. Когато човекът се опира на групата, държи се за нея, той отново се приближава към Твореца. Пътят към Твореца е построен върху противоположни състояния, както е казано: „Хиляди пъти ще падне праведникът и ще стане."

ВИДЕО ПО ТАЗИ ТЕМА

Завист

Произходът на завистта

В корена на обикновената завист се скрива определен вид егоизъм. Той се проявява, когато човек вижда как някой друг се наслаждава от нещо. Завистта може да се прояви и тогава, когато самият човек не изпитва интерес към подобни наслаждения или дори ги има в изобилие.

Твореца е заложил у човека завист, като специален механизъм. Завистта го подтиква към развитие, довеждайки го в крайна сметка до разбирането, че гонитбата за лични егоистични удоволствия ни води до задънена улица. Този процес предполага, че човекът все пак ще дойде до разбирането, че истинското удовлетворение и щастие се намират не в безграничните удовлетворения на личните желания, а в развитието на способността към единство и отдаване.

Бяла и черна завист

Под „бяла завист" се разбира състояние, в което човек се възхищава на някого и насочва усилията си към постигане на подобни качества и/или притежания. Обектът на завист предизвиква в човека дълбоко възхищение и желание да му подражава, дори и в най-незначителните детайли. Такъв кумир или образ се превръща в един вид пътеводна светлина. Той желае на своя кумир благополучие и процъфтяване, което поражда у него самия множество положителни емоции.

В нашия живот по много начини се формират такива примери. В различните сфери от лични до професионални, хората често обръщат поглед към другите, стремейки се да подражават на своите герои, желаейки дори да надминат техните успехи.

От друга страна, „черната завист" възниква тогава, когато човек желае да притежава това, което имат другите, но по една или друга причина не може или не желае да реализира това стремление. Вместо това той насочва емоцията си към желание за неуспех на другите. В крайните си проявления тази форма на завист може да прерасне в престъпни действия или намерения срещу обекта на завистта.

Как да развием положителна завист

Да развием завист към това, което изначално не ни привлича не е лека задача. За кабалистите това е особено сложно, тъй като предметът на техните стремежи се намира извън обичайните усещания. Въпреки всичко това качество трябва да се развива, тъй като без него е трудно да се очаква значителен напредък в духовната работа.

Съществува твърдението, че завистта, наслаждението (страстта) и желанието за почести извеждат човека от този свят (кина, таава векавод моциим адам мин олам). Същността на тази мисъл се съдържа в това, че тези три вида стремеж, задължават човека да действа по определен образ, дори той изначално да не е планирал това. Те тласкат човека непрекъснато да се променя и да расте, докато в крайна сметка не осъзнае, че няма нищо по-значимо от духовните ценности.

Групата като природен усилвател на завистта

Казано е, че: „завистта на учените способства за ръста на знанията". Да вземем за пример ситуацията, когато на учения се оказват почести за неговите постижения в областта на науката. Това предизвиква завист в другите, стимулира ги към изучаването на науката, като способ за постигане на успех, признание и почести. Този пример ярко илюстрира огромното влияние върху човека на обкръжаващата среда и избора на посока в неговата дейност до степен, в която може да посвети живота си на област, която не съответства на неговите естествени склонности и даже предизвикват у него отблъскване.

Хората осъзнато или неосъзнато постоянно се намират под въздействието на мисли и убеждения, присъщи на тяхната среда. Контролът над собствените мисли, а също и мислите на околните излиза извън рамките на нашите възможности.

Навиците, възгледите за живота и интересите се формират и се усилват в човека в резултат от взаимодействието с обкръжаващата го среда. Затова, за да се промени е необходимо човек съзнателно да избира такава среда, която да отговаря на неговите цели и стремежи.

Кабалистичната група е особен инструмент, без който пътят на човека към духовните цели е невъзможен. Тя служи като усилвател на различните човешки качества.

Завистта е едно от най-мощните чувства, което е възможно и нужно да се използва в кабалистична група, за постигане на духовен напредък.

ВИДЕО ПО ТАЗИ ТЕМА ⟫⟫⟫⟶

ЗЛОСЛОВИЕ (СПЛЕТНИ)

Злословие насочено против Творец

Твореца е създал всичко, той управлява всички. Той стои зад всички процеси и явления и няма никой, освен него.

Ако няма никой, освен Него, значи всяка критика или осъждане, случващи се в света, по своята същност са насочени против Него. Поради тази причина злословието се намира под строга и абсолютна забрана.

Тора предупреждава, че за онзи, който злослови срещу другите, Твореца заявява: „Аз и този човек не можем да пребиваваме на едно и също място."

В злословието няма граници

В резултат на естествения процес на ръст на нашия егоизъм, във всеки човек възникват критични мисли. Тези мисли пораждат критично отношение към околния свят.

Човек не може изцяло да се опази от подобни мисли. Заедно с това той е длъжен постоянно да се стреми към осъзнаване, анализ и корекция.

Тази работа е много важна, тъй като няма нищо по-разрушително от злословието. То противоречи на нашата цел – да се съединим заедно, като един човек с едно сърце в системата Адам Ришон, така както е било в началото на творението. Безгранично и неконтролируемо, то (злословието) се разпространява по целия свят, пораждайки негативни последици за този, за когото се говори и за тези, които говорят.

Казано е: *„Животът и смъртта са на върха на езика".* С това се подчертава важността и силата на думите, способни, както да създават, така и да разрушават.

Рабаш:

„Грехът на злословието е толкова тежък, че практически води до разрушаването на света".[11]

Злословието (лашон ра) започва от сърцето на човека (в неговите желания). То се предава както вербално, а също и с нашите мисли. Затова не бива да се говори и мисли лошо за някого.

Написано е, че човек е най-близък до самия себе си и затова не може да злослови за себе си. Ако все пак го прави, значи той предявява претенция към този, който го е създал такъв - т.е. Твореца.

Злословието е нарушение, прекъсване на връзките и общуването между хората на човешко ниво. Няма нищо по-лошо за хората от лошите мисли и още повече от лошите думи. Тяхното влияние вреди на света. Затова по-добре да се мълчи.

Злословието и лъжата се явяват основни причини за раздорите и ненавистта в обществото. Има съществена разлика между това, което човек говори и мисли. Думите носят особена опасност. Не случайно се говори, че веднъж изречени е невъзможно да ги върнем отново.

Забраната за негативни изказвания касае също така неживото, растително и животинско ниво на природата. Мисли от този вид изобщо не трябва да занимават нашия ум.

---

11 Рабаш, Докато не паднал фараона, Статии

Забраната за злословие се споменава в множество източници. Злословието се поставя наравно с физическото насилие и даже с убийството. На пръв поглед изглежда, че тези понятия са напълно несъпоставими. Заедно с това от духовна гледна точка те носят в себе си еднаква разрушителна сила.

Злословие в групата

Рабаш:

Който злослови, той действа против правилото „Възлюби ближния като самия себе си".[12]

В кабалистичната група злословието се явява едно от най-отрицателните явления. Това е огромна пречка в движението ни напред. Всъщност злословието не показва недостатъците на другите хора, а нашите собствени. Това е естествена реакция на нашия непоправен егоизъм, който може да се преодолее с положителни думи и мисли.

Необходимо е в десетката постоянно да се грижим да цари атмосфера на внимание и добро отношение един към друг. Това помага да се развиваме не само ние, но и групата. Такава работа помага за въздействието на обкръжаващата светлина, която създава свойството на истинско отдаване. Благодарение на което ще усетим висшата управляваща сила на природата - Твореца.

Необходимо е веднага да се обясни, а също така и периодично да се напомня на всеки нов член в групата за опасността от злословието. Нужно е непрекъснато да му се противостои с напомнянето за целите и нашите ценности.

---

[12] Рабаш. Какво означава, че в навечерието на Песах се задават четири въпроса. 878. ARI. Israel. 2008

Написано е: „Не намерих нищо по-добро за човека от мълчанието". Т.е. най-добре е да се избягват излишните думи.

И както гласи изречението: „Животът и смъртта се намират на върха на езика", затова преди да кажем нещо си струва да помислим за смисъла, целите и възможните последствия.

Ние сме дошли в този свят не за това, за да поправим другите, а за да работим над себе си. Длъжни сме да се стремим към тази цел винаги. Необходимо е в нашите думи, мисли и действия непрекъснато да присъстват добрите отношения и грижа за другите. Стремежът към доброта и положително отношение към обкръжението – това е пътят, който ни приближава към Висшата сила, която ни е създала.

ВИДЕО ПО ТАЗИ ТЕМА ⟫⟶

НЕНАВИСТ

Ненавистта и нейните видове

Егоизмът в човека никога не стои неподвижен. Той постоянно се развива и променя. С времето, когато достига определена степен, ние започваме да чувстваме, че егоизмът на околните ни пречи. Външния вид, навиците, миризмата и други критерии, които не съответстват на нашите вътрешни модели, предизвикват реакция на отхвърляне. Такава реакция между различните видове егоизъм се нарича „ненавист". Свойството на егоизма противоположно на ненавистта се нарича „любов".

Ненавистта се различава, както количествено, така и качествено. В съответствие с това и ответните реакции. Диапазонът на ответните реакции е широк: от малки житейски упреци до взаимното изтребление. Ненавистта се намира изключително в материалния свят и ни води към разрушение.

За доказателство ще дадем един пример за подвидовете ненавист. В съвременния свят набира сила такова тежко явление като ненавистта на децата към родителите. Децата не желаят да помагат на болните си, остарели и безпомощни родители, не се грижат за тях, или просто ги забравят. Това явление се наблюдаваше и преди, но днес то е станало почти масово.

Причината е там, че егоизмът на човечеството непрекъснато еволюира. Постепенно той се издига все по-високо и по-високо от равнището на животинския егоизъм до равнището на духовния или спрямо термините на кабала – човешкия. В резултат на това човек все повече се откъсва от обичайните биологически връзки между хората. Това е естествен природен процес, който с времето ще нараства.

От ненавист към любов

Поразително е, но ненавистта може да служи като инструмент за духовния ръст на човека. Тя е особен материал, който като строителни блокове може да се използва за създаване на нещо ново и ценно.

Ненавистта е сила, която отблъсква определени свойства. Ако използваме правилно тези свойства, ние можем да сътворим нещо положително. По този начин ненавистта, която ни се струва отрицателна, всъщност може да се превърне в своята противоположност – любов.

Този процес има огромно значение. Не е изненадващо, че в своите трудове кабалистите са отделили толкова много време и внимание за темата ненавист.

Как да работя с ненавистта

Работата с ненавистта се състои от няколко етапа. В началото е важно да се осъзнае, че коренът на ненавистта се намира в нашия собствен егоизъм. Именно той не ни дава да видим положителните качества в другите хора. Нашето възприятие, изкривено от егоизма, ни принуждава да виждаме в другите само източник на негативи. По този начин егоизмът удържа своето доминиране, подчертавайки своята уникалност и неповторимост. Разбирането на това, че източникът на нашата ненавист е собственият ни егоизъм, открива врата към по-обективен поглед на реалността. Такъв поглед ни позволява да формираме неутрално отношение към света и да се повдигнем над собствената си ненавист.

Следващият етап е осъзнаването, че светът се явява част от нас самите. Това довежда до състояние, в което ние започваме да обичаме околните, както самите себе си.

Как да преодолеем ненавистта

Любовта и ненавистта са две противоположни качества, които не могат да съществува отделно едно от друго. Същността на духовното обединение е в тяхното правилно съединяване. Когато те се свързват правилно, между тях възниква хармония, създаваща средната линия.

Исторически такова обединение е било достигнато от еврейския народ след изхода от Египет и даряването на Тора на планината Синай. Това е бил моментът, в който за първи път е била преодоляна ненавистта между хората. Названието на планината Синай на иврит „сина", означава „ненавист".

В продължение на векове кабалистите учат, че човек може и е длъжен активно да се намесва в този, даден ни от природата процес.

Активната работа по взаимното сближаване на хората в условията на растяща ненавист, може да ускори духовното поправяне и да съкрати негативните последствия.

Безпричинната ненавист е „еврейско изобретение"

Взаимната ненавист е оставила забележителни следи в еврейската история. Един от най-известните примери за това е смъртта на 24 хиляди ученика на Раби Акива – знаменит кабалист, учител и законодател. Съгласно историческите източници, причина за тяхната смърт е станала безпричинната ненавист. Тази ненавист се нарича безпричинна, защото за нея няма никакво оправдание. Именно тази ненавист е характерна за еврейския народ.

Връщайки се към събитията, свързани с учениците на Раби Акива, си струва да отбележим, че живи са останали само петима. Един от тях е Раби Шимон бар Йохай, който е станал автор на най-известната кабалистична книга „Зоар". Тази книга е написана след разрушаването на Втория храм и началото на изгнанието на еврейския народ, когато нивото на центробежните сили, разделящи еврейския народ е достигнало своята кулминация.

В „Зоар" се подчертава, че всеки ден преди началото на работата по книгата десетимата членове на групата на Раби Шимон били длъжни да преодоляват взаимната си ненавист. Невероятно, но е факт, че книгата е създадена в условията на непреодолима взаимна ненавист, която ѝ придава особена вътрешна сила.

ВИДЕО ПО ТАЗИ ТЕМА ⟫⟫

Осъзнаване на злото

Какво означава „осъзнаване на злото"?

Същността на човешката природа е егоизмът. В същото време обикновеният човек не определя тази природа нито като зла, нито като добра. От поколение на поколение в човека живее единствено надеждата за придобиване на определени наслаждения, а тяхната липса или недостатъчност го подтикват към стремеж да ги постигне и по този начин да продължи живота си.

Често в залеза на живота си човек вижда, че за своя кратък жизнен път той (животът му) е бил ощетен, пуст и лишен и от всякакъв смисъл. В крайна сметка са останали само спомените за безкрайното преследване, най-често на малки, моментни удоволствия, но всъщност всичко е било напразно. Това е нашата съдба, нашата история и нашето развитие.

В крайна сметка пред нас възниква труден въпрос. Защо една толкова интелигентна и благоразумна природа, която е създала физически тела, разум, свойства, чувства и всичко останало, т.е. един огромен супер организъм, е поставила на върха на творението нас - малки и много противни твари?

Мъдреците са казали, че тези, които не са се родили са по-щастливи от тези, които са се родили.

Това се дължи на факта, че днес съществуваме в свят, изкривен от нашия егоизъм. Осъзнаването именно на този факт се нарича „осъзнаване на злото" (акарат ра).

Осъзнаването на злото е задължително състояние

Осъзнаването на злото, което е скрито в нашата природа, е първата крачка към промяна на себе си. Това ни води до разбирането, че изменението на собствената ни природа влияе положително на целия свят. Човекът е най-егоистичния и развит природен елемент, затова той може да донесе най-голямата вреда и най-голямата полза.

Осъзнаването на собствените ни грешки, често идва в следствие на проблемите и трудностите, които ние изпитваме. Важно е да разберем какво в нашата природата ни причинява това страдание, за да можем да работим върху себе си. В своите трудове кабалистите изследват тези аспекти на природата на човека. Четенето на кабалистични книги ни помага по-добре да разберем нашата природа. Ние започваме с получаване на знания, след което навлизаме в по-дълбоко разбиране и в крайна сметка достигаме до ново ниво на възприятие и чувствено осъзнаване на света.

Злото - това съм Аз

Мъдреците учат, че истинският герой не е този, който побеждава другите, а този, който побеждава самия себе си. Най-важната борба на човека е борбата с неговата егоистична природа. Ако успеем да я надмогнем, бихме достигнали най-съвършеното състояние. Човек се ражда егоист и възприема света през призмата на собствените си желания, което ограничава неговото разбиране. Осъзнаването, че нашите проблеми и страдания често произтичат именно от този егоизъм, представлява първата стъпка към неговото преодоляване.

Когато започваме да разбираме, че светът е значително по-широк от нашето лично възприятие, това ще ни открие нови хоризонти. Победата над собствената ни егоистична природа ни позволява да видим света поновому и да живеем по-осъзнат и пълноценен живот.

Това, което възприемаме като случващо се в света, всъщност се формира в нашето съзнание. Реалността извън нас остава непозната. Ние сме способни да видим единствено собственото си „Аз" – своите желания, които проектират образа на света, който постигаме. Ако обаче се задълбочим, ще осъзнаем, че целият свят е неотделима част от нас самите.

Поправяйки себе си, ние поправяме света

Осъзнаването на злото и процесът на неговото поправяне се осъществяват под въздействието на кабала и чрез следване на съветите на кабалистите. Този път е труден и изисква дълбока вътрешна работа над самия себе си. В степента, в която човек поправя своята природа, се преобразява и неговото възприятие за света. Този процес може да се уподоби на наблюдението през калейдоскоп, в който образите непрекъснато се променят.

Ние започваме да виждаме картини на щастливи и поправени състояния, които заменят старите картини на човешките страдания. В този процес възниква и осъзнаването на собствената ни вина за бедствията, които наблюдаваме в света.

Кабалистите не търсят вина у другите, а следват принципа: „Поправи себе си и ще поправиш света". Този девиз подчертава, че промяната на света започва с вътрешната трансформация на човека. Всяка стъпка в поправянето на себе си води до по-хармонично и щастливо състояние на света като цяло.

Да станеш 620 пъти по-силен

Осъзнаването на злото, това е преди всичко разбирането, че „системата Адам" е разбита на безброй частици, поради появата на егоизма. Процесът на поправянето започва с разбиране на важността за построяването на надегоистичните връзки между хората. Това подразбира възстановяването на хармонията и единството в „системата Адам", след което системата става 620 пъти по-мощна, отколкото преди да бъде разбита.

Светът, в стремежа си към обединение, изпробва различни форми на единство, които обаче водят до още по-дълбоки противоречия и кризи. Това е свидетелство, че сме достигнали до границата на осъзнаване на злото, съдържащо се в нашия естествен егоизъм.

Истинското и дългоочаквано единство може да бъде постигнато единствено чрез издигане над личния егоизъм.

ВИДЕО ПО ТАЗИ ТЕМА ⟫⟫⟫ ➡

ПРЕМИНАВАНЕ НА МАХСОМ

Какво е това махсом

Думата „махсом" на иврит означава преграда, бариера, препятствие. От кабалистична гледна точка махсом е условна граница между двата свята - материалния и духовния.

Преминаването на махсом е преход на потенциална бариера, зад която човек започва за първи път да разбира какво означава алтруистично отдаване. До махсом човекът усеща себе си като център на мирозданието и действа само с намерение заради себе си. След махсом в центъра на светоусещането се намира Твореца и човек изпълнява всички свои действия заради другите или заради Твореца. Т.е. до махсом човекът се проявява като егоист, а след махсом той вече е алтруист. Става дума за две абсолютно противоположни отношения към света. Всъщност човек придобива нова природа.

Как се преминава махсом

В своята същност светът, в който живеем е илюзорен и умишлено изглежда далеч от съвършенството. Това е направено с цел да ни подтикне към желанието да преминем в другия свят, където действат законите на любовта и отдаването.

Преходът към усещането на Висшия свят е постепенен процес, изискващ изменение на множество качества в човека. Желанието да усетиш нов, съвършен свят в крайна сметка довежда човека към обръщение и молитва към Висшата сила.

Процесът на преминаване през махсом се реализира в рамките на „десетката". Въпреки това, индивидуалните особености на всеки човек оказват съществено влияние върху този процес. Поради това преходът протича по различен начин за всеки.

Целта на природата е да преведе цялото човечество през махсом и по този начин да му открие пътя към съвършенството.

Колко време отнема преходът на махсом

Процесът на прехода на махсом няма точно определени времеви рамки. Той може да отнеме от няколко години до десетилетия. Времето зависи от усилията, които човек полага и от дълбочината на неговата душа. Колкото повече егоизъм има във вътрешността на човека, толкова по-продължителен е този процес.

Пробивът на границите на духовния свят означава преодоляване на вътрешните бариери в сърцето на човека, които му пречат да се обедини с другите в общата система Адам Ришон. Когато ние попадаме в тази система, откриваме, че тя е пълна с висша светлина, силата на отдаване и любов.

Този процес е индивидуален и зависи от всяка конкретна душа. Целта му е да се постигне състояние, в което човек може да действа изключително за доброто на всички хора, придобивайки способността да обича и да отдава.

Какво се намира зад махсом

Преходът на махсом по същество представлява промяна в намеренията на човека. Когато за него център на мироздание става Твореца, а не неговото собствено егоистично „аз". Това изменение в намеренията донася на човека безкрайно наслаждение и хармония. Той усеща, че всеки миг и всяко творение са абсолютно необходими, тъй като заедно изграждат система абсолютни взаимовръзки.

В историята махсом са преминали милиони хора, но важното е да се разбере, че хората, това са желания, които постоянно се променят, смесват и съединяват. Кабалистите виждат всички връзки между хората, тяхната загриженост и отдаване един на друг.

За кабалистите духовното пространство се характеризира с тези свойства, които те са придобили при прехода на махсом. Тяхната работа се състои в съвместяване противоречията между егоизма и свойството отдаване и любовта.

Всичките видове егоистични природи в нашия свят – нежива, растителна и животинска, (човешката природа в нашия свят се класифицира като животинска) се възприемат само в нашите земни усещания, а в действителност те не съществуват. В крайна сметка усещанията се променят и този свят изчезва.

ВИДЕО ПО ТАЗИ ТЕМА ⟫⟫⟶

ДУХОВНО РАЖДАНЕ

Как се случва духовното раждане

Ние идваме в този свят, благодарение на родителите си. Още от раждането ни много от нашите свойства са предопределени. Те са наследени от предишни наши състояния – кръгообороти. По време на растежа си възприемаме всичко, което се случва, като подразбиращо се от само себе си.

Първо възниква усещането за собственото „аз" и за околния свят. След това идват думите, осъзнаването и разбирането. Времето тече бавно и постепенно, а ние не осъзнаваме колко необичаен и неестествен е този процес.

В някакъв момент от живота си получаваме капка духовно семе – желанието да се родим във Висшия свят. Това е „точката в сърцето" или „зародиш на душата". След това ни довеждат до група – там където можем да развием тази точка.

Групата се състои от хора, устремени към Твореца. Като изграждаме правилно отношение към тях, ние осигуряваме на себе си среда за духовно израстване. Ние се сливаме с групата, подобно на зародиша в майчината утроба. От нея получаваме всичко необходимо за своето развитие: разбиране, подкрепа и примери.

Преминаването в духовния свят е подобно на раждането на дете, което се е намирало девет месеца в дом за почивка, в пълно обезпечение. Когато плодът се е развил, той се преобръща с главата надолу. Преобръщането говори за това, че човек напълно променя своята представа за себе си и за света. Важното и маловажното променят местата си.

В групата с опитите си да се уподобим на Твореца, да намерим правилната връзка между приятелите ние предизвикваме натиск на Висшия - родилни контракции, („цирей лида"), „контракции" (цар, цирей) от думата „тесен" (цар) и „страдание" (царот). Така ни „прекарват" през махсом. Махсом е онова тясно място, през което се ражда човек.

Ние не знаем, в кой момент ще стане. Както е казано в първоизточниците, това се случва винаги неочаквано. Като правило, това събитие започва в тъмнина, като бягството от Египет посред нощ или като раждането на детето, което от тъмнина изведнъж се появява на света.

Раждането на човека в духовния свят и появяването на екран се случва едновременно. Дълбочината на усещането на Висшия свят зависи от големината на екрана (масах). Обемът, който човек чувства, се нарича негова душа.

За да се родим, е необходимо да се обединим

Обединението има важна роля в изграждането на духовното „тяло" на новороденото човечество. Ние сме длъжни да се съединим така, че да се родим духовно здрави. Нито един от нас не може да стане пълноценен духовен съсъд самостоятелно, тъй като ние се явяваме само отделни парчета, появили се след разбиването. Духовният съсъд или „кли", се формира на основата на връзката между хората.

С помощта на взаимното поръчителство човек постига усещането на подкрепа и увереност в осигуряването на всичко необходимо. Това е подобно на безгрижния младенец, който усеща топлината на майчините ръце. Само в такива условия човек може да преодолее своя егоизъм и да започне да мисли за благополучието на другите.

ВИДЕО ПО ТАЗИ ТЕМА ⇒

РАДОСТ

Какво е радостта

Радостта е признак за съгласие с Твореца и за придобиване на Неговите свойства. Тя представлява усещане за удовлетворение, което възниква от напълване с обект или състояние, към което предварително е съществувало желание. Интересното е, че радостта може да се прояви дори в условия на недостиг на напълване. В този случай тя свидетелства, че човек действа с намерение за отдаване, а не поради липса на избор или страх от наказание.

Кабалистите приветстват всяка радост, произлизаща от действия, които не нанасят вреда на другите хора. Например кабалистът Рабаш, минавайки покрай стадион е изразил уважение към това място, защото хората намиращи се там се радват.

Радостта е универсално чувство, което е необходимо на всеки човек. Дори и тези, които притежават богатство, власт или слава се нуждаят от радост.

Кабалистите учат, че радостта, която изпълва човека, трябва да произтича от осъзнаването на значимостта на неговия стремеж към Твореца. Именно това чувство формира кли за разкриването на Твореца и за обединението с Него.

На какво се радва кабалиста

Показател за правилната духовна работа се състои в това, че човек изпитва радост от разкриващите се в него негативни качества. Той се радва от разкриването на злото, защото това свидетелства за неговото духовно израстване. Той не се опитва да потисне това зло, а напротив, издига се над него. По това кабалистите се различават от останалите хора.

Недостигът на радост служи като стимул за развитие, но това не означава, че човек е длъжен непрестанно да се намира в печал. Вместо това, той трябва усърдно да работи за преобразуване на своите негативни емоции в радост. Ако човек, чувства тежест и униние, това може да показва недостатъчна връзка с обкръжението.

В своята духовна работа е необходимо човек непрекъснато да проверява намира ли се той в състояние на радост и да определя източника на тази радост. Радостта трябва да идва от приближаването към Твореца с помощта на десетката, а не от насищане на собствения егоизъм. Работата в десетката позволява да получим висшата светлина, усещането за духовното и разкриването на Твореца.

Радост в десетката

Работата в десетката има свои особености и преминава през последователни етапи. В началото човек започва чувствено да се приближава към приятелите си. Постепенно той усеща как сърцето му се разширява и изпълва с радост. Разумът му става все по-ясен, а сърцата и умовете на приятелите се съединяват и включват един в друг.

Ако приятелите действат съвместно, тогава границите на всичко което е възможно да се постигне и почувства изчезват. Едновременно с това в приятелите възниква радост, защото чувстват как наслаждават и радват Твореца. Под Творец се разбира висшата сила на природата, която нищо не иска от нас.

Радостта показва, че събранието на приятелите е минало успешно и целта е била постигната. Тя /радостта/

мотивира човека да продължава да върви в правилната посока. Радостта в действията отправени към Твореца и благополучието на приятелите се приема като „радост от добрите дела". Тя служи като индикатор за правилната посока.

Разбирането за важността на целта, а също и вдъхновението от огъня на групата осигурява на човека необходимите сили за придвижването.

Радостта тук действа като ключов елемент: без нея напредъкът ще спре. Ако човекът е погълнат от печал, това показва, че независимо от усилия му, такова състояние няма да го доведе до постигане на целта.

За удържане на правилната посока по пътя на духовно развитие, радостта се явява неотменима съставна част. Страданието от ударите на съдбата при едновременно изразяване на благодарност за изпитанията, свидетелстват за неправилно разбиране на същността на връзката с Твореца.

Понякога в груповите взаимоотношения напрежението и разногласията са неизбежни. Но такива моменти не трябва да се възприемат като препятствия, тъй като те могат да бъдат проява на активност и стремеж към развитие.

ВИДЕО ПО ТАЗИ ТЕМА ⟫⟶

ЛЮБОВ

Какво знаем за любовта

Темата за любовта на пръв поглед може да се стори проста и очевидна. Но в действителност тя е една от най-сложните теми.

Любовта заема централно място в осмисляне възприемането на Твореца, в процеса на приближаване към него, а също и в разбирането на основните принципи на Мирозданието. Тази тема изисква дълбок анализ и осмисляне, защото тя се отнася до фундаменталните аспекти на нашето духовно развитие и разбиране на света като цяло.

Често ние бъркаме двата вида любов - духовната (алтруистична) и егоистичната. Егоистичната любов, която е свързана с удовлетворение на собствените ни желания, е позната и интуитивна. Ние често се държим като деца, търсещи любов и внимание. Алтруистичната любов се базира на друго отношение. Тя по никакъв начин не е свързана с напълване на нашите егоистични потребности. Трябва да помним главното – любовта към Твореца е невъзможна без любовта към ближния.

Първата стъпка по пътя към духовното е съзнателното ограничаване на собствените стремежи за получаване. Този процес представлява преход от любов към себе си към любов към всичко, което ни заобикаля – хора, животни, растения и дори неживата природа. Тъй като всичко е създадено от Твореца, любовта към творението ни приближава към любовта към Него.

Какво е това любов

Съгласно кабалистичните източници, любовта е процес на сливане на два духовни обекта: душата и Твореца.

Това сливане се достига, чрез подобие на техните свойства. Когато душата и Твореца взаимно си отдават и напълват взаимно, те се сливат в едно цяло, допълвайки се взаимно в абсолютно съгласие.

Любовта към Твореца идва след любовта към другарите. Ние можем да си мислим, че разбираме същността на любовта и как да обичаме. Въпреки това истинското разбиране на това свойство идва само след съвместните усилия в групата.

Любовта не е нищо друго, освен пълно самопожертване заради връзката с другите. Целта на тази връзка е да насладим Твореца и да му предоставим условия да се разкрие.

Любовта е висше духовно единство на желанията, съсредоточено в името на общите цели. Тя е върхът на моралното, умственото и духовно развитие на човека, достигащ нивото на Твореца.

В нашият егоистичен свят подобно единство е напълно непонятно.

Абсолютна любов

Целта на творението се състои в постигането на абсолютната любов. Кабала изучаваща взаимовръзката между полярните, противоположни части на творението, ни изненадва с използването на такива понятия като любов. Все пак любовта се асоциира с литературата, изкуството и психологията, а не с точните науки и с техните ясни определения и измервания.

В нашият меркантилен свят, в който всичко се измерва в пари, силата на оръжието и властта, никой не цени човешките чувства. Поради тази причина е съвършено непонятно как може системата от връзки на всички природни сили да се нарече абсолютна любов. Това не се побира в нашето съзнание до момента, докато не започнем да разбираме, че любов се нарича обменът на желанията.

На практика любовта в същността си представлява сложна система от взаимодействия, в рамките на която протичат процеси на обмен на възможности и потребности – такива като даване и получаване, напълване и опустошаване.

Всеки елемент на творението в тази система се намира в тясна, идеална и балансирана връзка с останалите. Всичко съставящо тази система взаимодейства хармонично, образувайки единно цяло, където всеки компонент играе своята роля в поддържане на общата хармония и равновесие.

Да обичаш някого – това означа да изследваш и разкриваш всичките негови потребности и желания: физически, емоционални, духовни и морални. Обичащият постоянно се стреми да напълни тези потребности, полагайки всички си усилия и възможности. Следователно под понятието „любов" се подразбира процесът на насищане и напълване на другия човек, осигурявайки му това, от което той се желае и в степента, в която действително се нуждае.

Тук любовта се разглежда в нейния реален технически аспект. Това взаимодействие може да бъде описано като чувствено, физическо, душевно, механично, електрическо съединение, където всеки елемент напълва и въздейства на другия обект. Въобще чувствените реакции на човека, такива като любов и ненавист, се разглеждат през призмата на техните роли в обединението на всички природни сили.

В кабалистичното разбиране заповедта „Възлюби ближния като себе си" придобива особено значение. Тя се тълкува като призив човек да приеме желанията на другия и да ги изпълнява така, сякаш са негови собствени. Още повече – изискването е да се обича ближният дори повече от самия себе си.

Затова истинската любов в кабала не е емоционална привързаност, а активно действие, насочено към напълване и поддръжка на другите, надхвърлящо загрижеността за собствените ни нужди и интереси. Това е висша проява на любов.

ВИДЕО ПО ТАЗИ ТЕМА ⟫⟶

ПРИНЦИПИ НА ДУХОВНАТА РАБОТА

Етапи на сливането с Твореца

Общуване с Твореца

В процеса на духовното развитие за човека е важно да поддържа постоянна връзка с Твореца. Това означава да бъде в непрекъснат духовен контакт - аз с Твореца и Той с мен. Този постоянен духовен канал осигурява хармония и напълва живота със смисъл.

Връзките с другарите в духовната група също имат своето значение. Те трябва да бъдат продуктивни и творчески. Важно е тези взаимоотношения да не възпрепятстват духовното развитие, а обратно - да помагат в напредъка. По този начин е важно да се намери баланс между духовната връзка с Твореца и общуването с другарите по пътя на духовното развитие.

Ние не усещаме влиянието на висшите духовни сили върху нашия свят, защото степента на страдание, което бихме изпитали, би попречила на нашия достъп да Твореца. Това ниво на въздействие, което ние можем да понесем се нарича „наш свят".

Често мислим, че върху нас въздействат множество различни сили и източници и че всичко, което се случва има множество причини. Всъщност на нас ни влияе само една причина, една сила, една мисъл, едно желание. Всички тези сили ни връщат към Твореца. Когато започнем да отнасяме тези въздействия към техния източник, към Твореца, ние започваме да Го опознаваме.

Ние трябва да се научим да оценяваме доброто и злото не от гледната точка на нашето физическо тяло, а от точката на Абсолюта, т.е. Твореца. Добро и полезно трябва да се има в предвид само това, което спомага за обединението на всички части в обща единна система, защото само в този случай творенията ще могат да усетят светлината на Твореца.

Връщане към Твореца

Важно е да се има в предвид, че съществуват три основни елемента: **единен източник, хиляди въздействащи сили, собственото "аз"**.

За да се разкрие Твореца е необходимо всички тези сили да насочим обратно към Него.

Във всеки един момент ние трябва да се опитваме да върнем към Твореца всичко случващо се, нашите мисли, чувства и усещания. Този път изисква време и усилия и той продължава дотогава, докато не започнем да осъзнаваме важността на Твореца.

Понякога може да изглежда, че тази работа се извършва механично, без чувство и истинско желание. Въпреки това дори такъв механичен процес, както при събирането на монети, води до натрупване на голяма сума пари, както се казва :"Монетка по монетка прави голяма сметка."

Въпреки преживените трудности и моменти на отчаяние, когато ни се струва, че страданията нямат край и смъртта е за предпочитане пред такъв живот, човек все пак намира щастие в разбирането защо Твореца се е отнесъл с него по този начин. Тези болезнени преживявания - объркване, гняв, разочарование, страх, в крайна сметка ни довеждат към дълбоко разбиране и благодарност за изминатия път.

Всичко, което преживяваме в живота си, не се случва без знанието на Твореца, извън неговото могъщество и извън неговия глобален план. Това разбиране идва в човека на прага при влизането във Висшия свят.

Цар Давид в един от своите псалми е изразил дълбоката мисъл: „Ахор ве-кедем цартани" - „Отзад и отпред Ти ме обгръщаш". Това означава, че във всички аспекти на живота, в моменти на скриване и разкриване Твореца властва над всички. Всичко в крайна сметка се връща към него или както е казано: „Няма място свободно от Него".

Твореца не е отделна сила, действаща по свое желание. Той представлява обединяващата сила на Вселената, която обхваща и прониква във всичко, което съществува. Уподобявайки се в някаква степен на тази сила, човек започва да усеща как неговите мисли действия и намерения въздействат на Твореца. Как той се превръща в активен участник в това взаимодействие, способен е да се приближи към Твореца, да се отдели от него и т.н. По този начин човек започва да усеща себе си не само като обект на въздействие, но и като източник на влияние върху Твореца.

Как да разкрием Твореца

За разкриването на Твореца е необходимо участие в група, тъй като няма друг път към Него. Създаването на група, в която участниците се стремят към обединение с цел постигане на общата управляваща сила на Вселената, открива уникални възможности. В рамките на такова единение човек започва да изследва, усеща и постига постепенно приближаване до Висшата сила. Групата се превръща в мощен инструмент на този процес, позволявайки взаимодействие с Твореца на най-дълбоко равнище и създавайки условия за духовен растеж и развитие.

Аз осъзнавам присъствието на една единствена сила, която ми оказва влияние, използвайки най-различни канали: другарите, семейството, правоохранителните органи, медицинските институции, държавните структури, средствата за масова информация, роднини, приятели, данъчни служби и даже врагове. Всичко, което ме заобикаля в живота, ме води към осъзнаване на всепроникващата сила. Тя се проявява във всеки момент от моето съществуване, направлява ме и ме стимулира към духовно развитие и разбиране на света около мен.

За нас е важно непрекъснато да издигаме Твореца, утвърждавайки, че: „Той е първи и Той е последен". Това означава, че Твореца се явява начало и край на цялата причинно-следствена верига от реалността, в която съществуваме. В групата ние непрекъснато си напомняме един на друг тази истина. По този начин си помагаме взаимно, за да се фокусираме върху тази важна идея.

Нашата основна задача е винаги да бъдем настроени за връзка с Твореца. Тогава Той започва да се проявява във всичко, което ни заобикаля.

Твореца се разкрива в групата

Мястото, където ние можем да установим връзка с Твореца, се намира в центъра на нашето сърце. Именно там ние трябва да почувстваме не само Твореца, но и себе си, целия свят и което е особено важно, всички наши другари и съвместните усилия на нашата група.

За човека, независимо от това в какво състояние се намира, е крайно важно да усеща себе си, като част от групата. Това усещане за принадлежност към нея позволява на другарите да го поддържат, непозволявайки му да се отклони или да отстъпи от пътя. Благодарение на връзката с другарите ние придобиваме нови качества и свойства, които са необходими за духовното израстване.

Пребиваването в група и осъзнаването на тесните връзки с другарите позволява на човека да вземе правилното решение как по-нататък да се придвижва към Твореца. Най-важното е да не се прекъсва усещането за връзка с другарите. В рамките на тази връзка Твореца постепенно все по-ясно и по-ясно започва да се проявява.

НАМЕРЕНИЕ

Ценността на всяко действие се определя от неговото намерение. Когато намерението е насочено към „отдаване", човек се приближава към Твореца, докато намерението да „получи" го отделя от Твореца. Между тези два полюса се намира неутрална точка, където човек сам решава къде да бъде: в духовния или в материалния свят.

Правилното намерение – това е стремеж към сближаване на нашите желания по такъв начин, че в тях да се прояви Твореца и да ги напълни със своето присъствие. В духовния свят решаващо значение има не самото действие, а стоящото зад него намерение. Дори ако проливам сълзи, докато върша нещо, това все още не означава, че съм направил нещо значимо.

Намерението насочено за благото на другите или на Твореца се нарича алтруизъм, или душа. Състоянието, в което действията са насочени за лична изгода, се явяват егоизъм. Алтруистичното намерение превръща егоизма в душа.

В основата на нашето съществуване Твореца е заложил природата на получаване, т.е. егоизма, и е придружил това с намерението да действаме „заради себе си". Но Твореца има възможност да промени това изначално намерение с намерението „заради другите", което е същността на алтруизма. Такова преобразуване ни позволява да станем подобни на Твореца, преминавайки от егоцентрично възприятие на света към хармонично, духовно развито състояние.

Сърцето символизиращо желанието е покрито с егоистични намерения. Ако „трием" сърцата си едно в друго, можем да премахнем егоистичната обвивка и да разкрием намерението за отдаване. По този начин нашите сърца могат да се напълнят с висша светлина.

Степента на искреност на намеренията определя радостта от действията. Ако човек действа по принуда, това не се смята за истинско действие в духовен смисъл.

След като общата душа на Адам се е разбила на отделни части, тези души са започнали да се отдалечават една от друга. Това се случва поради промяна в „лепилото", което ги свързва „Исра–Ел", който първоначално е представлявал в същността си намерение за отдаване. Това „лепило" се превръща в негова противоположност – намерение за получаване. В резултат на това изменение, частите от общата душа Адам в процеса на своето духовно развитие са започнали да възприемат „Исра–Ел", като нещо вредоносно, пречещо на взаимното обединяване и сближаване.

За да станем подобни на Твореца, ние се стремим да се издигнем на върха намерението за отдаване. Но всеки път се появяват „пазачи"- нашите егоистични намерения и те ни свалят от този връх. Процесът продължава дотогава, докато не постигнем намерението за отдаване. По този начин „пазачите" ни помагат да добием правилно намерение.

Намерението е своеобразен мост между настоящите и бъдещите резултати на нашите действия. Това е като да живееш бъдещето, докато си още в настоящето. Поради това е важно да се съсредоточим и да живеем в това намерение, държейки в ума си крайната цел на нашите действия.

Ние не отстраняваме егоизма, а с помощта на Висшата сила променяме намерението „заради себе си", в намерение „заради другите", като по този начин ставаме подобни на Природата.

За Твореца намерението е много по-важно от действията, мислите и желанията. Действието се смята за егоистично, ако не е свързано с Твореца. В същността си намерението се явява самото действие.

ВИДЕО ПО ТАЗИ ТЕМА ⟫⟫⟫⟶

Тора

Какво е написано в Тора

Баал Сулам

Заповедта „Възлюби ближния, като самия себе си", се явява същността на цялата Тора - така че всички останали заповеди само я разясняват и я тълкуват. Тя е невъзможна за изпълнение от един човек, а само при предварителното съгласие на целия народ[13].

Тора не е само свещен текст. Това е подробна инструкция, показваща на човека пътя към реализацията на фундаменталния закон „Възлюби ближния, като самия себе си". Историите, перипетиите, заповедите и наставленията, които се съдържат в Тора, се явяват само външна обвивка на нейното дълбоко съдържание. На хората, които не са усвоили истинската природа на тези текстове, им се струва, че това е сборник от етически норми, исторически разкази, философски идеи или религиозни обреди. И Тора, и ЗОАР са фундаментални текстове, чиято цел е да помогнат на човека в поправянето на неговата природа от стремеж за получаване, към стремеж за отдаване.

В какво се състои разликата между тези два важни духовни текста? Баал а Сулам дава следния отговор на този въпрос:

---

13 Баал Сулам. Поръчителство. Kitvei Baal Hasulam. ARI. Israel. 2009. P. 395

Баал Сулам

... и човек ще се занимава с кабала, тъй като е по-лесно да привлече светлината, скрита в Тора чрез усилия в кабала, отколкото чрез усилия в разкритата Тора. И значението на това е много просто: мъдростта на разкритата Тора е облечена във външни материални одежди, такива като закони за „кражба", „грабеж", „щета" и т.н. И затова е много трудно и тежко за човек по време на тези занятия да настрои ума и сърцето си към Твореца, за да привлече светлината, съдържаща се в Тора.[14]

Да се освободим от стигмите и догмите, натрупани в съзнанието на човечеството в продължение на много поколения, представлява невероятно сложна и почти невъзможна задача. Въпреки това, съгласно твърдението на кабалистите, е настъпило времето, когато трябва да се премахне „желязната преграда", отделяща ни от истинското разбиране. Има смисъл да представим думите на самите кабалисти, за да видим техните мнения за истинското предназначение на Тора, без да прибягваме към странични коментари и тълкуване.

Рамбам

„Тора говори на езика на хората", тъй като е предназначена, за да се започне с нея и да се изучава от деца, жени и целия народ, а те не са в състояние да разберат тези неща в истинската им форма".[15]

---

14 Баал Сулам „Предисловие към учението за десетте сфирот" Kitvei Baal Hasulam. ARI. Israel. 2009. Р. 775.
15 Моше бен Маймон (РАМБАМ) „Пътеводител на изгубените"

Книгата ЗОАР

„Горко на човека, който казва, че Тора е дадена, просто за да разказва истории за ежедневни събития, за Есав, Лаван и други подобни. Защото в този случай, дори в наше време можем да напишем Тора за случващи се събития, които са дори по-привлекателни от тези?
Ако Тора е призвана да разказва за случващото се в света, тогава обърнете внимание на владетелите на света - между тях се случват по-забележителни неща."[16]

Защо е написана Тора

Казва се в Талмуда: „Аз създадох злото начало (желанието) и Аз създадох Тора, като добавка към него" (Барати ецер ра, барати ло Тора тавлин). Думата тавлин в превод означава „подправка" или „добавка' – нещо, което прави храната вкусна и годна за употреба. Т.е така, както подправката подобрява и обогатява вкуса на храната, така и Тора служи като необходимо допълнение към злото начало, като му помага да се преобрази и изчисти.

По такъв начин Тора изглежда не просто като съвкупност от правила или наставления, а като ключ към преобразуване на самата същност на човешкото желание, превръщайки го от егоистично в духовно.

Създавайки злото начало във вид на егоизъм, Твореца едновременно е предоставил на човечеството Тора, като инструмент за правилното взаимодействие с това зло. Казано е, че заповедите са били дадени за изчистване народа на Израел: „Ло натну мицвот, еле лецареф ба хем

---

[16] Zohar for All. Kabbalah Publishers. Israel. 2014, vol. 7. P. 109. Книгата Зоар

Израел". Това означава, че на човека е дадено средство за изменение на неговата първоначална егоистична природа.

В Тора се описва историята на народа на Израел, който бързо напуска Египет, след разрешението на фараона. В кабала фараона представлява егоистичните желания на човека, а народът Израел е неговият алтруистичен стремеж към любов и отдаване. Противопоставянето на тези два вида желания предизвиква вътрешен конфликт и човек усеща себе си в робството на фараона, т.е. в робството на собствените си егоистични желания. Тези остри противоречиви усещания мотивират неговия стремеж да се освободи от това робство.

Рабаш

"Моше дойде при народа на Израел и се обърна към степента на „Фараона", която се намира в сърцето на всеки човек – тоест към егоистичното желание. Той заяви, че не желае тази степен на „Фараона" да властва над степента на Израел, а да се даде възможност за работа в името на Твореца, а не в името на тялото.[17]"

Всеки човек, в крайна сметка трябва да почувства, че той е в робство на фараона, който е олицетворение на най-голямото егоистично желание. Затова в света непрекъснато се разкрива егоизма под всякаква форма и едновременно с това се проявява желанието да се освободим от него, както на нивото на отделния човек, така и на равнището на цялото общество.

---

17 Рабаш. Пока не пал фараон. 1029. ARI. Israel. 2008

В този момент, когато ние изцяло сме солидарни с „Моше"[18], ние ще можем да се обединим подобно на народа на Израел и фараонът ще бъде принуден да ни пусне.

След това идва особено състояние „Ям Суф" - Червено море (на ивр. Крайно море). Този последен крайъгълен камък на материалния, егоистичен свят – махсом (на ивр. преграда), условната линия, зад която започва духовния свят, където цари истинската свобода, независеща от време, място и разстояние.

Хида

„Макар че Тора включва всички имена на Твореца, те са облечени в разкази, които човек възприема според обикновения си разум. Книгата Зоар обаче явно съдържа съкровени тайни и читателят знае, че това са скритите тайните на Тора, а факта, че те са неразбираеми, ускорява постигането и неговата дълбочина."[19]

Книгата Зоар обаче явно съдържа в себе си съкровени тайни и читателят знае, че това са скритите тайните на Тора, а факта, че те са неразбираеми, ускорява постигането и неговата дълбочина.

Самата Тора ни призовава: „Опитайте и вижте, колко прекрасен е Твореца" („Тааму ве реу ки тов Ашем").

---

18 „Моше" произлиза от глагола „лимшот" - издърпвам, изтеглям.
19 Хида — р. Хаим Йосеф Давид Азулай (1724–1806). Аводат Кодеш. Вильна 1906. С. 16. П. 44

Как действа светлината на Тора

По своята същност Тора представлява инструкция (на иврит „ораа"), предназначена за правилното обединение на хората. В резултат на това обединение се проявява Твореца, или с други думи - живота. Тези две понятия са тясно свързани и в много отношения са синоними. Този процес може да се сравни с работата на организма, който достига ново ниво на съществуване, когато неговите клетки се намират в правилно и хармонично взаимодействие една с друга.

Тора съществува в две форми - писмена и устна. Писмената Тора ни е представена във вид на текстове, които можем да прочетем, изучим и анализираме. Тези текстове съдържат основи и предписания. За разлика от писмената, устната Тора се предава в лична форма - от учител на ученик. Този процес на предаване на знания, известен като „ми пе ел пе" (от уста в уста), предполага дълбока връзка и взаимно разбиране.

Тора или по-точно светлината (на иврит „ор"), която тя носи в себе си, притежава удивителната способност да помогне на човека да се освободи от егоизма. Но за да може тази светлина да окаже своето въздействие, е необходимо първоначално осъзнаването на човека за неговото вътрешно зло. Това означава да разбере, че по своята природа той е егоист и че именно този егоизъм се явява корен на неговите проблеми и нещастия. Само осъзнавайки своята егоистична същност, човекът може ефективно да използва светлината на Тора за духовно си изцеление.

Изучаването на Тора изисква особен подход: необходимо е човек да притежава намерение да получи от нея сила за преобразяване – от любов към себе си към любов към ближния. Великият Раби Акива е казал: „Възлюби ближния, като самия себе си", се явява главното правило на Тора. Тази мисъл подчертава, че основната задача на Тора не е просто предаване на знания, а духовна трансформация на човека. Ако Тора се изучава без правилно намерение, тогава светлината скрита в нея може да насърчи подема на егоизма. В този случай думите „сам хаим ве сам мавет" (еликсир на живота и смъртта) придобиват особен смисъл, т.е. че Тора може да бъде както източник на духовно възраждане, но може и да усили егоизма в човека.

ВИДЕО ПО ТАЗИ ТЕМА ⟫⟶

ЗАПОВЕДИТЕ

Целта на Тора и заповедите

Масите могат напълно да овладеят Тора и заповедите само тогава, когато достигнат до разбирането за връзката между Висшия свят, системата за управление на нашия свят и нас самите. Осъзнаването на тази дълбока връзка между корените, (Висшия свят) и клоните (нашия свят) ще доведе до разбиране на необходимостта от съблюдаване на заповедите, като природни закони. Този процес е известен като истинско „връщане" („хазара бе тшува"). Той се явява ключът към хармонията и съгласието между духовния и материалния свят.

Мъдреците казват: „Тора и заповедите са дадени, за да пречистиш тялото, т.е желанията, като ги доведеш до нивото на втората природа – любовта към ближния, като към самия себе си. Това е крайната цел на Тора."

Достигането на това състояние, когато човекът се учи да обича другите така, както обича себе си, се явява дълбока духовна трансформация. Когато човек достигне до този етап на своето развитие, той се приближава до сливането с Твореца, което се явява връх на духовния път.

Ако човек се занимава с изпълнение на Тора и заповедите, без да си е поставил за цел любовта към ближния, за да достигне до любов към Твореца, подобни негови действия биха могли да доведат до още по-големи разделения и разногласия сред хората. В резултат на това, вместо единство и духовен напредък, подобен подход може да доведе обществото и целия свят до нарастващи страдания и конфликти.

Истинското изпълнение на Тора и заповедите е възможно само в духа на обединение и взаимна поддръжка. Това предполага не просто изпълнение на формалните препоръки, но и създаване на атмосфера в общността, където човек се стреми да допринесе за благото на другите.

Десет заповеди

Десетте заповеди представляват десет ключови критерия, които трябва да служат за основа на формиране на нашия вътрешен образ, известен като „Адам" – от думата „доме", което означава „подобен на Твореца". Този процес на промяна и усъвършенстване на нашите вътрешни свойства се явява истинското изпълнение на заповедите.

В човека има 613 такива свойства и всяко от тях изисква своето поправяне, съответстващо на 613-те заповеди. Всички тези 613 заповеди могат да се групират в десет основни категории.

На първо място Десетте заповеди служат за проверка на нашите желания в условията на стремеж към обединение с останалите хора. Те са насочени към оценка и корекция на нашите взаимоотношения, задълбочаване на разбирането за важността на взаимното сътрудничество и стремеж към духовно единство.

ПЪРВА ЗАПОВЕД

„Аз съм Господ, твоят Бог, който те изведе от египетската земя."

Тази заповед заема ключово място сред всички заповеди. Тя утвърждава, че в цялата Вселена действа една единствена сила на управление - Твореца. Тази сила е способна да издигне човека от животинско ниво на съществуване до нивото „човек".

Определението „човек" не е свързано с постиженията в науката и изкуството. „Човек" тук се определя като този, който достига до разбирането и постигането на Твореца. За разлика от това „животинското" състояние описва егоистичната фаза, когато човекът е съсредоточен само върху себе си и своите лични интереси.

Преходът от състояние „животно" в състояние „човек" (Адам) е възможен само с помощта на висшата сила, наречена „Творец". Името „Творец", подчертава нейната способност да твори, да създава в човека ново, духовно състояние, позволяващо да преодолее егоизма и да достигне висше ниво на съзнание.

ВТОРА ЗАПОВЕД

„Не си прави идол и никакво изображение"

Зад всички сили, влияния и обекти, всичко, което можем да си представим, има само една сила. Невъзможно е да се изобрази тази сила, но е възможно да бъде постигната. Тя се явява силата на отдаване, обединение и интеграция и именно тя лежи в основата на цялото съществуване. Ако човек мисли не по този начин, това означава, че той създава за себе си идол.

От друга страна, образите на идолите и божествата в някакъв смисъл допринасят за развитието на човечеството, така както децата се нуждаят от играчки за своето развитие и растеж. Тези образи и символи могат да служат като междинно звено в духовното търсене, позволявайки постепенно да се придвижваме към осъзнаването на тази единствена сила, която управлява всички.

В днешно време се наблюдава ускорение на процеса на духовното развитие на човека. Постепенно в остават в миналото различните идоли и кумири, на които човечеството е приписвало особено значение, оставяйки хората сякаш да „висят във въздуха". В това състояние на неувереност и търсене, на място на старите идоли идват нови и цикълът продължава.

Този процес ще се повтаря дотогава, докато човечеството не достигне до състоянието на пълно осъзнаване на своята абсолютна зависимост от Твореца.

В крайна сметка ние ще успеем окончателно да се откажем от всички образи и идоли, които са заемали нашето съзнание. Тогава човечеството ще осъзнае своята дълбока връзка с Твореца и ще спечели истинската си свобода.

ТРЕТА ЗАПОВЕД

„Не произнасяй напразно името Господне"

Тази заповед съдържа в себе си дълбок смисъл. Името на Твореца не бива да се произнася, не защото това е табу, а защото не е възможно да се изрази с думи или писмено. Същността на това име е, че то се проявява вътре в нас, в нашите духовни усещания и преживявания. Затова забраната за произнасяне на името на Твореца, подчертава невъзможността за словесно изразяване на дълбочината на духовните преживявания. Произнасянето на името на Твореца не предава неговата същност и не дава разбиране на този, който го чува.

Тази заповед ни напомня за това, че истинското разбиране и отношение към Твореца е скрито зад пределите на думите и се явява резултат от вътрешен духовен опит.

Заповедта „Не произнасяй напразно името на Б-га", подчертава, че не трябва да използваме силата на Твореца за постигане на егоистични цели. Твореца се явява абсолютно алтруистична сила, въплъщение на свойството отдаване. Затова всеки опит да се моли, претендира, или използва Неговото име за егоистични интереси е обречен на провал. Подобни действия всъщност отдалечават човека от Твореца, а именно това отделяне представлява онова, което в духовен смисъл може да се нарече „наказание".

Тази заповед ни учи, че истинското духовно общение с Твореца е възможно само при отсъствие на егоистични мотиви. Само алтруистичния стремеж и искреното желание за отдаване, а не за получаване ни позволява да се намираме в хармония с истинската природа на Твореца.

Твореца е абсолютно съвършенство, на което е невъзможно да се оказва никакво влияние от наша страна. Той стои зад пределите на нашите егоистични опити за въздействие.

Единственото допустимо и възможно взаимодействие с Твореца е използването на Неговите сили за духовно поправяне. Твореца не е източник за удовлетворяване на егоистичните ни желания, а сила за вътрешна трансформация, насочена към постигане на алтруистични идеали и духовно съвършенство.

ЧЕТВЪРТА ЗАПОВЕД

„Помни съботния ден, за да го освещаваш"

В структурата на света е заложена цикличност. В рамките на седмицата всеки седми ден представлява период на покой, в който цялото мироздание като че ли замира и навлиза във фаза на равновесие и покой. Този ден служи като граница между ежедневието и труда, предоставяйки на човека и природата възможност за възстановяване и обновление. След този момент на почивка Вселената сякаш отново се задвижва, започвайки нов цикъл на дейност и развитие.

Тази цикличност се явява важен аспект на устойчивост и хармония в света, позволявайки всичко съставляващо го, включително и човека, да поддържа баланса и ритъма на живота.

Казано е, че в течение на шест дни Твореца работил, а на седмия почивал. Това е послужило за появата на принципа, че и хората трябва шест дни да работят, а на седмия да почиват. Думата „работа" в този случай не означава дейност в същия смисъл, в който я е извършил Твореца.

Работата на човека през шестте дни от седмицата, представлява всички негови земни занятия и усилия, насочени за подобряване и поддръжка на материалния живот. Докато седмият ден – денят за почивка, е предназначен за духовно обновяване, размисъл и усилване на връзката с висшите духовни ценности.

Работата на Твореца се определя от шестте категории: хесед, гвура, тиферет, нецах, ход и есод.

Работата на хората се състои в промяната на себе си в съответствие с тези шест категории. Ние се стремим вътрешно да се променим, следвайки тези духовни направления. Когато ние завършваме тази работа, идва последната седма категория – малхут. Тази фаза се реализира у нас самостоятелно. В този период е важно да не се намесваме и да не пречим на естествения процес на вътрешното разкрие и реализация.

Седмата сила започва да действа в „Шабат" (от думата „швита" спиране на работа). Шабат, или седмата степен, представлява кулминация и сума на предшестващите шест степени. Тя се явява резултат на тяхната интеграция и взаимодействие.

ПЕТА ЗАПОВЕД

„Почитай Баща си и Майка си"

Твореца е висшата сила. След това следват две степени: хохма (баща), бина (майка). Те са последвани от шест производни сили, съставящи зеир анпин - хесед, гвура, тиферет, нецах, ход и есод. В края на творението е сфира малхут. Под фразата „почитай баща си и майка си „ се разбира, че трябва да се даде възможност на хохма и бина да предадат всичко, което е необходимо на шестте сфирот на зеир анпин.

Да почиташ - т.е. да чакаш кога хохма и бина ще се проявят в творението. Хохма и бина – бащата и майката са над творението. С тяхна помощ висшата сила твори. Затова бащата и майката създават шестте сфирот на зеир анпин, които фактически формират творението. „Почитай баща си и майка си", означава да дадеш възможност на тези сили да действат в нас. Както в нашия свят: може ли плодът и дори малкото дете да направят нещо сами? Всичко за тях правят родителите. Човекът в нашия свят трябва да даде възможност на висшите сили да действат, да го формират.

ШЕСТА ЗАПОВЕД

„Не убивай!"

„Не убивай", означава да не вредиш на другите. „Не убивай" - означава, не използвай желанията си заради себе си. Ако аз използвам връзката с Твореца заради себе си, то това се нарича „убийство", тъй като аз убивам своето желание. По-точно моето желание се напълва с наслаждение, което в крайна сметка убива това желание и то изчезва. Настъпва анихилация.

СЕДМА ЗАПОВЕД

„Не прелюбодействай!"

Това е същото, само в различна форма: не използвай своите връзки с другите заради себе си. Любовта се нарича отдаване, а прелюбодейството – да действаш само заради себе си.

ОСМА ЗАПОВЕД

„Не кради!"

Заповедта „не кради" е почти същата като „не прелюбодействай". Разликата е в това, че „прелюбодейството" се отнася към животинското ниво, а кражбата към неживото Т.е това са различни нива на желанието.

В човек има четири нива на желанието. „Прелюбодейството" се отнася към човешкото ниво на желание, в същото време „не кради" се разпространява във всички останали нива - неживо, растително и животинско.

ДЕВЕТА ЗАПОВЕД

„Не лъжесвидетелствай!"

По този начин човек създава напълно нови условия в света. Фалшивите условия – или, казано иначе, изкривените параметри – водят до нарушаване на съответствието със силите на света. Вместо да се придвижва към Твореца, човек започва да се отдалечава от Него.

ДЕСЕТА ЗАПОВЕД

„Не пожелавай дома на ближния, нито роба му, нито робинята, нито вола, нито магарето, нито каквото и да е притежание на ближния ти ...

Сякаш всичко се събира тук. Човекът трябва ясно да разбере, че не е стопанин на света. Всичко, което има у теб, всъщност не е твое, затова ти не можеш нищо да желаеш.

С една дума, работи със своите желания само заради отдаване. Ако достигнеш до това, значи, ще станеш човек.

„Не пожелавай жената на ближния си" - това означава, че си длъжен да достигнеш до такова състояние, когато изначалното егоистично желание преработваш в алтруистично, до пълното достигане на свойството отдаване, наречено „получаване, заради отдаване" и цялото това безкрайно огромно желание става „твоя жена".

Да желаеш „жената на ближния", означава да получаваш заради себе си. Ако си се насочил към Твореца, тогава всяко желание, което не е насочено към Него е забранено.

Тази заповед съответства на акта на творението: „Не е хубаво човек да бъде сам". Ако искаш да достигнеш Твореца, не можеш да бъдеш сам. Трябва да присъединиш към себе си, към свойството „Адам", цялото огромно желание, което се нарича „женско". Само съвместявайки екрана с желанието, напълно ще се уподобиш на Твореца. За това е казано: „мъж, жена и Твореца между тях", т.е. състоянието, когато тези две противоположни свойства се съчетават и Твореца напълва съсъда на душата.

Десетте заповеди на Тора се намират на нивото на десетте сфирот. Заповедта „не пожелавай жената на ближния си" е основната от тях, тъй като се отнася за най-ниското вътрешно егоистично свойство. Между другото, тя няма никакво отношение към егоизма в нашия свят и във физическия аспект между половете. Става дума за това, по какъв начин може максимално да насочим егоизма си, с намерение за отдаване, така че да се върнем към общата връзка между нас на по-високо ниво, където вече няма разделение по пол. В края на краищата мъжете и жените са желания и намерения, а не материални обекти.

ДВЕ ЗАПОВЕДИ: получаване и отдаване

Баал Сулам

„Ако гледаме като цяло, в обществото ние трябва да се занимаваме само с две заповеди, които можем да определим с думите „получаване" и „отдаване".

В природата присъстват само два основни принципи: плюс и минус. Когато обаче тези два принципа започнат да влияят на отношенията между хората, те създават сложна система на взаимодействия, описана като „получаване" и „отдаване". На практика това води до формирането на множество условия и правила, които регулират взаимодействието на всеки човек с околните.

Основната идея, заложена в Тора, се съдържа в това тези два принципа да се обединят в една система. Раби

Акива дава допълнително ниво на разбиране, казвайки, че съществува една основна заповед: „Възлюби ближния, като самия себе си." Тази заповед превъзхожда останалите, тъй като тя подразбира, че и получаването и отдаването трябва да се реализират само заради благото на останалите хора.

От заповедите към поръчителството

Получаването на Тора и изпълнението на всички заповеди се състои в изпълнението на закона за поръчителството. Затова хората с точка в сърцето, стремящи се да постигнат същността на живота, се стараят да се обединят. Тогава пред тях израства планината на ненавистта и те усещат своята неспособност да се приближат един към друг. Единствено и само в този момент те разкриват, че съществува сила, която може да им помогне да достигнат единство, обединение и любов. Тази сила се нарича „Тора", а тяхното постепенно усилващо се обединение се нарича „заповеди".

Не е възможно да се изпълни нито една, даже най-леката заповед без взаимно включване. Т.е никой не може да извърши нито едно поправяне сам, тъй като същността на поправянето се намира в обединението с останалите.

Човекът трябва да се грижи са своята десетка и за цялата душа Адам Ришон. Той трябва да изпълнява заповедите, т.е. да възстановява връзките между всички, докато настъпи пълното обединение и любов към ближния, както към самия себе си. И всичко това с помощта на светлината възвръщаща към източника, който се нарича Тора.

ВИДЕО ПО ТАЗИ ТЕМА ⟫⟶

ВЗАИМНО ПОРЪЧИТЕЛСТВО

От взаимното поръчителство към Тора

Моше е издигнал взаимоотношенията между хората над всички други ценности. Ценностите, които той оповестява тогава са актуални до една, макар и трудни за постигане. „Възлюби ближния като самия себе си", „станете като един човек с едно сърце", „бъдете поръчители един за друг".

Еврейският народ е получил Тора, след като се е съгласил да се обедини.

Но те се обединили не като всички други народи на базата на език, религия или обща територия, а колкото и странно да звучи, гарантирайки един за друг.

Без поръчителство не може да има истинско обединение. Принципът на взаимното поръчителство се състои в осъзнаване на това, че благополучието на всеки от нас и благополучието на цялото общество е едно и също.

Баал Сулам

„И едва след като целият народ се съгласил и като един възкликнали: „Ще го направим и ще чуем", тогава в края на краищата всеки от народа на Израел станал отговорен за това никой от народа, да не се нуждае от нищо – само тогава те станали годни да получат Тора, а не преди това. Защото това всеобщо поръчителство освободило всеки от

всякакви грижи за нуждите на тялото му и станало възможно да изпълни напълно заповедта „Възлюби ближния както себе си" и да отдаде всичко, което има на всеки нуждаещ се, тъй като вече не се грижи за нуждите на тялото си, защото знае и е уверен, че шестстотин хиляди всеотдайно обичащи го са наблизо, готови да направят всичко за него във всяка секунда."[20]

Взаимното поръчителство, това е когато аз мога да престана да се грижа за своите насъщни потребности, да се освободя от грижите за себе си. Защо? Защото всички останали се грижат за мен. А аз се грижа за тях. Така, както в семейството.

Взаимното поръчителство включва в себе си особени състояния: усещане за вечност, съвършенство, взаимна поддръжка, взаимно участие. Т.е това е съвършено противоположно на онова, което ние обичайно усещаме в нашия свят.

Само тези, които са готови да поръчителстват един за друг, заради общата цел, могат за получат светлината, намираща се в Тора.

Всеки носи отговорност за създаване на единна мрежа, която да обединява всички заедно, така че в нея да се разпространи свойството на отдаване и любов.

Ние действаме в съответствие с нашето място в мрежата, подобно на паяците, които плетат мрежата си. Всеки от нас е малък паяк, от който зависи правилното функциониране на всички клетки в системата.

Този процес се разгръща в групата, където хората се събират заедно, стремейки се да въплътят между себе си любов и взаимопомощ.

---

20 Баал Сулам, „Поръчителство"

Взаимно поръчителство за целия свят

Всички хора, всички народи по целия свят трябва да постигнат тази висока цел. Това зависи от нашите способности за преодоляване на преградите, които ни разделят и отдалечават. Всички различия, които ние откриваме по пътя, трябва да се превърнат в обединителна сила. Както е казано: „Тъмнината ще засияе като светлина".

Точно различията и силите на конфронтация, които засега се смятат за непреодолими, в крайна сметка се превръщат в своята противоположност. Те ще станат основа за мощно съединение и силна връзка, благодарение на които ние ще се почувстваме като единно цяло. В тази единна система всеки ще поддържа всички, като единно цяло, създавайки състояние, в което ние ще бъдем обединени в едно сърце. Това ще бъде система, в която взаимната подкрепа и взаимната зависимост ще ни позволят да усетим истинското единство.

Баал Сулам

„Мъдрецът образно е пояснил същността на поръчителството в притчата за двамата плаващи в лодка. Единият от тях започнал да пробива дупка под себе си, Попитал го неговият другар: „Защо пробиваш?" Отвърнал другият: „Какво те интересува? Аз дълбая дупката под себе си, а не под теб!" Отвърнал му първият: „Глупак! Нали заедно ще се удавим в тази лодка и двамата!"[21]

---

21 Баал Сулам, „Поръчителство"

Ако днес човечеството постигне единство, това ще доведе до огромни положителни промени в цялата Вселена. Цялата природа ще започне да се обединява и формира единна всеобхватна система. Такова глобално обединение на човечеството би станало катализатор за хармония на всички природни елементи, водещи до синергия и взаимна връзка на нивото на цялата планета и даже зад нейните предели.

Пирамидата на поръчителството обхваща неживото, растителното, животинското и човешкото нива. Когато на човешко равнище се установява връзка, тя е способна да доведе цялата вселена в състояние на единство.

В самото сърце на тази хармония ще се разкрие Твореца като единствена сила, напълваща и обхващаща цялото творение.

В крайна сметка установените връзки между хората на основата на взаимното поръчителство ще станат ключ към разкриване на духовните измерения и възобновяване на нашата връзка с Твореца.

ВИДЕО ПО ТАЗИ ТЕМА

ДЕСЕТКА

Границите на чувствата в десетката се определят от тези хора, с които редовно уча, разпространявам знанието и осъществявам всички други съвместни дейности. Ние изследваме пътя на сближаването един с друг, изучаваме методиката на взаимната отмяна, както и какво трябва тя да донесе.

Десетката се явява моята вътрешна структура, която отразява строежа на душата.

Всяка крачка по пътя на сближаването с десетката сама по себе си представлява сериозно действие. На нас често не ни достига желание да се поддържаме един друг нито на нивото на разума, нито на нивото на сърцето. Но именно нашата упорита и последователна работа, насочена към желанието за обединение в кръг, постепенно ни довежда към истинско единство.

Такова обединение, основано на използването на силите на сближаването и отблъскването се нарича „Шхина". Ние я построяваме с надежда за това, че в крайна сметка в нея ще влязат всички създания живеещи на света.

Този процес е насочен към достигане на пълно обединение, известен като Окончателно поправяне на душите.

ВИДЕО ПО ТАЗИ ТЕМА

ПОДЕМИ И ПАДЕНИЯ

Етапи на духовно израстване

Понятията „подеми" и „падения", следва да се оценяват спрямо целта на творението, а не като субективни усещания за „приятно" или „неприятно".

В нашия свят ние оценяваме подемите и паденията, изхождайки от това повече ли сме получили или по-малко, изпитали сме успех или неуспех. В духовния свят критериите са съвършено различни: успели ли сме да се приближим към свойството отдаване или обратно - отдалечили сме се от него?

Съществува израза: „Когато Израел е в изгнание, Твореца е с тях" („Исраел ше галу, шхина имахем"). Това означава, че когато човек преживява апатия и чувство на отчаяние, на него може да му стори, че и в духовния живот няма нищо привлекателно. Това състояние е свързано с усещането на духовно изгнание (галут). В такива моменти човек не усеща Твореца, въпреки че всъщност Той е винаги с него.

Духовните падения се дават свише, като необходим етап за последващ духовен напредък. Те настигат човека внезапно, проявявайки се в едно мигновение и често го сварват неподготвен. В същото време процесът на връщане често протича бавно. Тези периоди на падения и подеми се явяват важна част от духовния път.

Както казва Баал Сулам, важно е да се научим да се радваме на паденията, тъй като те представляват разкриване на скритите вътре в нас недостатъци. Всяко такова падение ни дава възможност да видим и поправим тези части от нашата душа, които се нуждаят от духовно усъвършенстване. По този начин паденията стават важни уроци, водещи ни към духовно израстване.

Паденията възникват вследствие увеличаването на келим (съсъди) и авиют (дебелината на желанията) и те са предназначени за бъдещи подеми. Когато човек преживява падение, това се явява признак за това, че той е достигал определено ниво на подготовка за следващия духовен подем.

Рабаш

„Човекът трябва да знае, че тези падения са му дадени, от тях да се научи да цени състоянията на подем"[22].

Паденията и подемите след махсом

Даже човек да е преминал бариерата между двата свята, която се нарича „махсом", той все едно е длъжен да прилага постоянни анти-егоистични усилия. Това са особени, вътрешни усилия, когато се привлича висшата светлина и тя създава в човека ново свойство.

Невъзможно е просто така автоматично да се намираме в състояние на отдаване. За това са необходими съзнателни усилия, тъй като без тях е лесно връщането към егоизма, който се явява наша естествена природа. Важно е да възприемаме тези състояния като начин на живот и тогава всичко ще се получи.

Човек постепенно достига до разбирането, че съществува не само нашият материален свят с неговите падения и подеми. Освен него съществува друга реалност, друг свят, в който протичат аналогични процеси, но те се осъществяват в напълно различни категории.

---

22 Рабаш. Какво означава, че в навечерието на Песах се задават четири въпроса?

В духовния свят възникват въпроси от съвършено различна естество, такива като: „Способен ли съм на постоянно отдаване?", „Възможно ли е непрекъснато да се намирам над собствения си егоизъм?", „Ще съумея ли да се освободя от властта на фараона, т.е. от своя егоизъм и да напусна Египет?"

В този момент човек осъзнава, че само Твореца може да му помогне да преодолее всички препятствия и започва да се обръща към него с молби.

След дълъг период на такива усилия и обръщения към Твореца настъпва моментът, когато светлината поправя човека, откривайки му усещането за духовния свят с неговите свойства на отдаване и любов.

Рабаш

„Не е възможно спасение, ако преди това не е имало изгнание.[23]*"*

Нива на изкачване

Подемите в духовното развитие могат да се случват на различни нива: неживо, растително, животинско и човешко. Всяко от тези нива представлява различен етап и дълбочина на духовно израстване. Състоянието падение се явява необходима част от духовния път. Не случайно е казано: „От Цион ще излезе Тора". Точно благодарение на тези падения (ециот) Тора се проявява като висша светлина.

Опитът придобит в предишните падения и подеми, ни позволява да възприемаме паденията по осъзнато. Осъзнаването ни води до това, че човек се удостоява с подеми на по-високо ниво. По този начин всяко падение е не просто препятствие, а крачка към по дълбоко разбиране и духовно издигане.

---

23 Рабаш. Същност на изгнанието.

Рабаш

„*Когато изгнанието се разкрива в най-пълна степен, започва избавлението. И това ни показва реда на изгнанието и избавлението, които са се случили тогава в Египет.. И ние трябва да продължаваме този ред до Окончателното поправяне.*[24]"

Продължителност на паденията

Духовните падения могат да бъдат кратковременни, продължаващи само няколко минути, но могат да продължат и часове, дни а понякога, особено в началните етапи, дори няколко месеца.

За ускорение на тези процеси са необходими както активна групова работа, така и индивидуалните усилия на човек. В резултат на тези съвместни усилия вътрешните изменения на човека, включващи подеми и падения, започват да се случват с удивителна скорост. Те могат да се сменят едно друго всяка минута, а с времето всяка секунда. Човек се оказва в центъра на непрекъсващ духовен ураган, който без да спира го води напред, внасяйки нови и нови изменения в неговия вътрешен свят.

Духовното падение може да трае дори само миг. Кабалистите описват до 400 смени на вътрешни състояния в рамките на едва пет минути. Участието в групова работа и активността в разпространението на духовните знания ускоряват тази динамика. Смяната на усещанията се предизвиква от действието на духовните гени (решимот) – своеобразни информационни записи, които насочват развитието на човека.

Много важно е да се осъзнае, че всичко, което усе-

---
24 Рабаш. Изход от Египет.

щаме, идва от Твореца, защото „Няма никой освен Него". Това разбиране води до увереност, че всичко е сътворено за нашето духовно усъвършенстване, тъй като „Твореца е добър и Творящ добро".

ВИДЕО ПО ТАЗИ ТЕМА ⟫⟶

ВЯРА НАД ЗНАНИЕТО

Вяра

Вярата в духовния смисъл не е като вярата в нашия егоистичен свят. Вярата в нашия свят е психологичен феномен. Тя се състои в безусловно приемане на определени утвърждения като истина, без да се взема предвид отсъствието на непосредствени доказателства. Религиозните хора например приемат съществуването на висшата сила като даденост, в същото време нерелигиозните са убедени в нейното отсъствие. И двете позиции са форма на вяра, доколкото са основани на приети убеждения, приети без преки доказателства или потвърдени от опит.

Както при религиозните, така и при нерелигиозните хора не възниква мисълта, че Висшата сила е постижима и че това разбиране е достъпно за човека. В науката кабала вярата се разглежда като сила привличаща човека към Създателя, направляваща го от долу нагоре. Тази способност позволява на човека да тълкува всичко, което му се случва, като инструкция към следващото ниво на развитие, към взаимодействие с определена сила, която по този начин постепенно го формира и възпитава.

Без вяра е невъзможно да се направи и най-малката крачка в посока към целта на творението. Това прилича на излизането в открития космос, където зад пределите на земното притегляне се откриват необятните простори на Вселената.

В кабала свойството вяра е най-възвишеното свойство. То ни позволява да започнем да се усещаме подобни на Твореца. Вярата не може да се прехвърли или демонстрира на друг човек. Възможно е единствено да се препоръчат действия, които ще помогнат да се достигне до по-високо ниво на вярата.

Основният закон на духовния свят е абсолютния алтруизъм. Оттук следва, че вярата това е свойството отдаване, свойството бина.

Вярата не познава граници и не се поддава на ограничения. Вярата не се ограничава в нашите вътрешни келим. Тя включва в себе си и келим, които ние намираме извън нас. А извън нас е безкраят - Твореца. Ние сме само точка в тази безкрайност.

Как човек може да придобие това свойство? Кабалистите предлагат способ, който се нарича „емуна миалдаат" - вяра над знанието.

Как да стигнем до вярата на знанието

Ние възприемаме света с помощта на нашите сетивни органи. Но има нещо повече зад тези усещания, нещо което им дава дълбок смисъл и това е, което човек постига.

Висшата сила е скрита от нас, но понякога тя се показва така, че да я забележим. Това се случва, когато човек полага определени усилия. Така той достига до ниво, което се нарича „вяра над знанието".

„Вярата над знанието" преобръща нашето понятие за реалност. Това в същността си е преход на ново ниво на осъзнаване, където вие започвате да възприемате духовния свят като много по-важен и реален, отколкото нашия материален свят. „Вярата над знанието" – това е и постижението.

Състоянието „Вяра над знанието" идва при човека след дълъг и усърден труд. Започва с разбирането на това, което говори кабала за нашия и за духовния свят. С помощта на специални упражнения човек постепенно започва да усеща, че всичко случващо се с него се управлява от Висша сила, Висш разум, Висша воля. Той осъзнава, че всичко следва някаква по-рано зададена програма, която може да се нарече желание или план на Твореца. В резултат на това човекът стига до извода, че неговата основна задача на този свят е да свърже всички свои преживявания и усещания с Твореца.

Всичко, което се случва наоколо, човек започва да приписва на действията на Висшата сила. Това не е просто защото така е написано в книгите. Той действително започва да чувства, че съществува определена насоченост, дълбок смисъл и крайна цел.

Обичайно човек започва да изпитва неприятни чувства: страх, заплаха за своя егоизъм, гордост и самоуважение. Той усеща враждебността на света, произлизаща от различни източници. Но зад всичките тези проблеми, започва да вижда определена система от сили наречена „Творец".

„Вяра над знанието" представлява свойството БИНА, или свойството „отдаване", което се издига над „малхут" или свойството „получаване". С други думи, желанието да отдаваме се издига над желанието да получаваме. На този принцип ние функционираме в духовния свят.

С всяко усилие, насочено към преодоляване на своите егоистични желания, човек придобива все повече келим за получаване на вяра. Така той създава в себе си образа на Твореца. Той става „човек" или Адам, което означава „подобен на Твореца". И това се случва благодарение на вярата над знанието.

Ние създаваме нов разум и нови чувства, включвайки различни форми на взаимовръзки помежду ни. Тук важен е принципът „човекът да помогне на своя ближен" - когато излизаме от своя егоизъм и тръгваме един към друг, тогава откриваме нивото на вярата, което означава отдаване на другите. Това е степента „над знанието", т.е. над егоистичното усещане за собственото „аз".

В крайна сметка аз трябва да почувствам присъствието на всички около мен, с изключение на себе си, сякаш моето „аз" не съществува, а съществува всичко останало освен мен. И тогава аз започвам да усещам в другите хора висшата сила – Твореца.

ВИДЕО ПО ТАЗИ ТЕМА ⟫⟫⟶

МОЛИТВА

Молитвата - това е изгарящо желание

Молитвата по своята същност представлява обръщение към Твореца, известно като „издигане на МАН", или „мейн нуквин" - „женски води". Това е дълбоко и искрено желание на човека, което той отправя към Твореца. Молитвата представлява истинската молба на човек към Създателя, молба, която Твореца очаква и на която дава отговор. По този начин молитвата се превръща в канал за връзка между човека и Твореца.

Не следва да се мисли, че молитвата изцяло принадлежи на човека. В своето мълчаливо съществуване неживата природа, растенията и животните постоянно се намират в състояние на молитва. Но техните молитви са хармонично вплетени в тъканта на природата, тъй като изначално е известно какво желае камъкът, растението или животното. Техните стремежи не изискват особени проявления, тъй като те функционират на инстинктивно, автоматично ниво.

На човека е дадена свобода на волята, за да може той осъзнато да работи над своята молитва. Доколко той добре организира своята молитва, за да може тя да съответства на това, което иска да му даде Твореца, дотолкова той може да установи успешно връзка с Него. Това взаимоотношение може да се опише с думите: „Аз се стремя към Любимия и Любимият се стреми към мен".

Твореца подготвя предварително отговор на човека и това го пробужда за молитва. За човека е важно да открие правилната молитва, за да отвори път за отговора и помощта от Твореца. В резултат на това между тях възниква взаимна връзка.

Когато се молим, Твореца вече започва да ни помага. Фактически, когато той ни пробужда за молитва, това вече се явява неговата помощ, както е казано: „Само повикайте и Аз ще отговоря".

Истинската молба е в желанието да станем подобни на Твореца и нищо повече. Няма нужда да молим за прошка, тъй като Създателят се явява абсолют.

Когато аз се обръщам към Него с молба за прошка, аз всъщност се обръщам към себе си. След това благодаря на Създателя за неговата помощ, но фактически и в този случай се обръщам към себе си.

В крайна сметка Твореца – това е абсолютното свойство отдаване и любов, което ние можем да активираме, но само в степента, в която се стремим да бъдем подобни на Него.

Рабаш:

„Молитвата – това е работа в сърцето.
Човек трябва да реши сам какво иска, за да му даде
Твореца желание да се откаже от всичко,
за да не остане в него властта на нито
едно желание, а всичките негови желания да бъдат
насочени към възвеличаване на Твореца"[25]

Молитвата – молба за невъзможното

Молитвата по своята същност е молба за невъзможното, за това което може да даде само и единствено Твореца. Живеещият в този свят егоист моли да стане алтруист, да живее във Висшия свят при това смятайки, че не го заслужава. Други молитви Твореца не чува поради това, че Той е отдаване и любов и единствено и само за това можем да молим.

---

25 Рабаш. Писмо 65.

Историята на човечеството доказва, че такъв Бог, когото молят за всичко, не съществува. Има Творец, който поправя егоизма. За да се достигне духовното съвършенство Него можеш да молиш само за промяна на собствения ти егоизъм.

Кабала казва, че молитвата е предназначена за благото на другите и когато човек се моли за себе си (което за обикновения човек е напълно естествено), това се разглежда като грях.

Когато човек ограничава своите мисли само за себе си, той се отделя от другите. Това отделяне го отделя и от Твореца, който ни вижда като едно цяло, такива каквито сме били до нашето разделяне (до разбиването).

Само по себе си чувството егоизъм, дадено ни от Твореца, създава у нас впечатление за собствената ни индивидуалност, отделеност от останалите. Въпреки това Твореца не взема под внимание индивидуалните действия.

Както е казано: „От любов към творения, към любов към Твореца". Твореца ни е дарил усещането за множество други хора около нас, но ние сме длъжни да разрушим тази илюзия и да помолим Твореца да обедини този свят вътре в нас.

Молитва за всички

За да достигнем до обща молитва, молитва за всички, за да станем едно цяло, трябва да преминем много сложни състояния на вътрешно търсене и да разберем, че:

1. Духовната цел е по-важна от всички останали цели;

2. Тази цел не може да се достигне самостоятелно. Тя може да бъде постигната само по пътя на обединението на частните стремежи в единна цел. Само такава молба и молитва може да бъде „чута" и да предизвика попра-

вящото действие на висшата светлина. Тогава молитвата на многото се превръща в истинската молитва на един;

Главното е обръщението към Твореца. Представете си нашия свят, изпълнен с Твореца. Действайте така, все едно вие се намирате вътре в Него. Молете Твореца да ви помогне да се издигнете над това, което виждате в себе си и в нашия свят. Молба да видите своите другари съвършени – това е най-добрата молитва.

Молитвата за другаря – това означава да направиш съкращение на своите желания и мислите за собствените си проблеми, да проникнеш в желанията на своите другаря и да молиш за тях. Това ще бъде действие „заради отдаване", над моето собствено желание.

Самото учене, когато човекът чете текстове от първоизточниците, дори без добре да ги разбира, вече се явява молитва.

Когато се учим и се стремим да разберем, осмислим и почувстваме нещо по-дълбоко, всъщност встъпваме във взаимодействие с Твореца. Нашата цел е да усетим Неговото присъствие и да се приближим до Него.

Науката кабала е път към разкриване на Твореца.

Желателно е също да четем молитви, които са съставени от други кабалисти няколко хиляди години назад. В тях те са изразили своите усещания, действия и постижения, в които ние се включваме по време на четенето.

ВИДЕО ПО ТАЗИ ТЕМА ⟩⟩⟩⟩⟶

МЪЛЧАНИЕ

Мълчанието в събота

Именно от кабалистите в света се е появил този метод - мълчанието. Използва се като упражнение в много видове техники, несвързани с нашия път, а също и в сферата на психологията.

Когато човек трябва да осмисли нещо ново и да се съсредоточи над него, тогава му е необходимо уединение. Може да отиде някъде на отдалечено място. Това ще бъде физическо уединение. Може, също така да се уедини вътрешно, т.е. въпреки присъствието на други хора, аз намирам в себе някакво пространство и се крия там от чуждите очи. Такова действие се нарича „обет за мълчание" (въздържание от разговори).

Има особени периоди, когато се вглъбяват в изучаването на Тора, потапяйки се по-дълбоко в материала, провеждайки различни пости (гладувания). Тези действия извеждат човека от обичайните му навици и ежедневната рутина. Те му помагат да погледне по друг начин на живота си, на себе си и му позволяват да се съсредоточи, да се фокусира вътрешно.

Под „Тихата събота" не се подразбира пълно мълчание, но в този ден обсъжданията касаят изключително учебния материал и неговата значимост. Разговори се провеждат само в случай на необходимост. Ако няма такава необходимост, то предпочитание се отдава на размишлението.

Думите разголват човешката душа, разкриват съкровените тайни на неговото сърце, затова не си струва да се говори, ако не сте уверени, че това е в полза на поправянето.

Концентрацията в мислите, вътрешното съсредоточаване влияят на света много по-ефективно, отколкото думите. В крайна сметка мисълта е сила на по-високо ниво, отколкото речта. С нея започва веригата мисъл-реч-действие. Намалявайки разговорите, ние можем да се издигнем на по-висока степен на отдаване.

Мълчанието – разговор на сърцата

В мълчанието човек е способен да размишлява по-дълбоко за величието на Твореца и да установи по-тясна връзка с Него, отколкото в разговор. Ние се стремим да предадем един на друг, от един другар на друг, непосредствено, без думи това, което напълва нашите сърца. Когато споделяме нещо искрено и съкровено, сърцето винаги е в епицентъра на нашето мълчание.

Опитайте се да чуете какво ви говори сърцето на вашия другар — и наистина ще го чуете. Опитайте и ще се убедите, че това е възможно. Няма нужда от думи или произнесени мисли; достатъчно е просто да изразите онова, което идва от дълбините на сърцето. Това е „разкриване на сърцето пред другаря", и тогава можете да очаквате, че и другарят ще отвори своето сърце пред вас.

Ако разкрием сърцата си, несъмнено ще усетим между нас истинско, дълбоко вътрешно единение - както и връзка с Твореца.

Поправянето не се случва с помощта на думите

Рабаш:

„Казали са нашите мъдреци (трактат Хулин 89): „Светът съществува заради този, който се сдържа по време на спор." И следва да разберем следното – ако човек не сдържа себе си, а отговаря на другия по време на спор, заради това светът не може да съществува.[26]*"*

Известно е, че човек, който се сдържа по време на спор и запазва мълчанието, дори когато го нападат или проклинат – по този начин той помага да се поддържа мира.

Това е изключително важен урок, който не бива да се забравя. Когато в себе си нямам отговор, предпочитам да мълча. По този начин запазвайки мълчание, аз побеждавам.

В моментите на мълчание ние превръщаме нашите усещания и чувства в мисли. Способността на човека да сдържа себе си, съхранявайки мълчанието, неотговаряйки и нереагирайки е висше проявление на неговата сила и мъдрост.

Поправянето в нашия живот се случва не с помощта на думите, а в нашите чувства, в тънките връзки между хората. Именно там където възниква взаимното съединяване на желанията, се осъществяват реалните изменения. Заради това не е толкова важно мълчи ли човек или говори. Разликата се състои в това, че говорещия често вярва, че думите могат да разрешат ситуацията, въпреки че на практика това не винаги е така.

---

26 Рабаш. Статия 31. Какво означава, че човек не може да преподава Тора на идолопоклонници в духовна работа.

Ние виждаме, че дори в ежедневния живот думите не винаги ни помагат да намерим общ език. Както се казва: „което не прави разумът, го прави времето". Поради тази причина мълчанието е предпочитано. То позволява на нашите вътрешни сили да установят връзки и да направят необходимото. Опитайте и ще се убедите в ефективността на този подход.

В кабала медитацията това е молитва. Тя може да бъде използвана за това да помогне на хората на се сближат и установят дълбоки връзки.

Кога да говоря и кога да мълча

Ако разговорът подпомага единството, тогава безусловно си струва да се говори. Но когато думите могат да попречат на сближаването на хората, за предпочитане е да запазим мълчанието. Важно е да се стремим в мълчание да преодолеем нашите несъгласия и да се издигнем над тях. След това идва разбирането какво ще се случи на следващия етап от нашето взаимодействие и развитие.

Ние всички сме взаимно свързани. Поради тази причина предаването на нашите вътрешни послания се случва от сърце в сърце. Много е важно да осъзнаем какво мислим и какво имаме намерение да кажем и как да го изразим с думи. Както мълчанието въздейства на нашите чувства, така и нашите чувства влияят на мълчанието ни. Това взаимодействие между мисли, чувства и думи, създава дълбока връзка помежду ни.

Ако вие не чувствате връзката с другарите си, по-добре е да се въздържате от разговори. Както гласи израза: „от неговите думи, душата ме напусна". Това означава, че човекът произнасящ думите, разкрива своята душа и това може да му навреди.

Не мислете, че мълчанието, това е просто отсъствие на думи. Всъщност нашето сърце продължава да „говори" и влияе, дори когато мълчим. Сърцето е център на нашите желания, чрез които ние си въздействаме един на друг. Необходимо е да настроим нашето сърце така, че то да бъде в хармония с всички останали сърца и да е насочено към Твореца.

Мълчанието позволява да достигнем до по-дълбоко разбиране и връзка, отколкото речта.

Рамбам

„Човек трябва винаги да увеличава мълчанието и нека говори или думи на мъдрост, или думи, които са необходими за живота на неговото тяло.[27]"

Мълчим, за да чуем Твореца

Преди да пристъпим към упражнението мълчание, е много важно да поговорим един с друг. Това помага да осъществим връзка и взаимно разбиране. След това си представете, че вие заедно в тишина и мълчание се обръщате към Твореца. В тази тишина, в това мълчание можете да усетите дълбочината и силата на вашия общ стремеж. Вие ще видите колко ефективно работи това, как мълчанието може да увеличи вашата вътрешна връзка и общия фокус към Висшия.

Преди да изберете мълчанието, е необходимо да направите самоанализ за себе си, за да разберете какви са мотивите на вашето решение. Тогава ще можем да се убедим, че нашето решение идва от осъзнат избор, а не от пасивност или неувереност.

Мълчанието може да се опише като състояние, когато човек потиска своето „зло начало", за да се приближи към Създателя. Това е съзнателен избор на човек да действа в съгласие с Твореца, с Неговото управление на реалността. С помощта на реалността Твореца форми-

---
Рамбам. Мишна Тора. Книга на знанието. Закони на начина на живот. Гл. 2. Параграф 4

ра нашето отношение към живота, към другарите и към тези, които са далече от нас.

В моментите на мълчание е важно да помислим как да установим връзка с другарите и по-дълбоко да се съединим с Твореца. Това не е просто отсъствие на думи, а е активен процес на вътрешно изследване и стремеж към хармония с околния свят и Висшата сила. Време за разбиране и задълбочаване на своите намерения и духовно развитие.

В мълчанието се създава пространство, в което Твореца може да напълни всички желания, мисли и стремежи на човека. Това не е просто отсъствие на думи, а активен акт на доверие и откритост позволяващи на Твореца да се прояви и разкрие в най-голяма степен.

Мълчанието е процес, който успокоява разума и сърцето, подготвяйки ги за възприемането на Твореца. То е дълбок стремеж да Го чуем, да осъзнаем своето място и връзка с Него и да освободим в себе си повече пространство за Неговото присъствие. Това не е молитва в обичайния смисъл, а безкраен вътрешен диалог на сърцето с Твореца.

Благодарение на нашето съгласие с Твореца и готовността ни да приемем неговото Висше управление над нас в мълчание, ние започваме да чуваме Неговия глас. Този процес, в който ние се учим да отваряме своите сърца и разум за по-дълбоко разбиране и възприятие.

ВИДЕО ПО ТАЗИ ТЕМА ⟩⟩⟩⟩ →

НЯМА НАСИЛИЕ В ДУХОВНОТО

В духовния напредък насилието е невъзможно

На духовния път няма място за насилие и принуда, защото всеки човек сам решава дали да върви по този път или не. Ако човек не желае да се развива духовно, то не е задължен да го прави. Той може да вземе от природата сили и цели, за да ги приложи в живота си просто по естествен начин и в хармония с него. Принудата и насилието няма да помогнат тук. Това е резултат на личен избор и вътрешно съгласие със законите на природата.

Във ежедневието ние често се сблъскваме с насилие в различни проявления, в това число и при възпитанието. Детето спрямо своето детско възприятие за света не е способно напълно да разбере и оправдае своите родители. Интересите му обикновено се ограничават в игри, лакомства и гледане на филмчета и то не може да разбере необходимостта от изисквания и дисциплина, които родителите му налагат. Ето защо детето често се подчинява на тези изисквания, поради липсата на алтернатива, отколкото заради осъзнаване на тяхната правота и необходимост.

В духовния напредък използването на насилие е невъзможно.

Човек трябва да се стреми към състояние, в което изхождайки от своята вътрешна точка в сърцето, характера си и дори егоизма си, да започне доброволно и осъзната да изпълнява духовната работа. Това ще му позволи да стане подобен на Твореца и да заеме своето уникално място в общата система на душата.

Когато се казва, че „в духовното няма насилие" се подразбира, че напредъкът по духовната стълба, т.е. преминаването от една степен на друга, е възможен единствено при достигане на пълна свобода. Това означава, че човек трябва да се освободи от всички ограничения, включително и от собствените си представи за Твореца и да стане способен да извършва независими действия.

Везните на доброто и злото

Свободата на волята е така наречената средна линия, средната трета тиферет, която представлява изключително фино равновесие. Като стрелка на чувствителни везни, намираща се между две равни сили - доброто и злото, святостта и нечистотата. Свободата на волята се намира в способността на човек да разкрива и поддържа това равновесие, определяйки своя път между противоположни сили и въздействия.

Достигането на такова състояние изисква много фактори. Истинската свобода на избора е недостижима, ако човек се намира в състояние на страх, срам или прекомерно желание за възнаграждение. Истинският избор е възможен, само когато човек е напълно освободен от всички страхове и опасения, а също и от влечението си към предстоящи наслаждения.

Когато това състояние е формирано, възниква въпросът как да постъпим с него. Правилният избор е да се приложат усилия в работата със собствения егоизъм. Той ясно ни показва пътя към истината. Егоизмът, колкото и парадоксално да звучи, може да влезе в ролята на проводник към Твореца. Показва ни онези области, в които е необходима работа и развитие, посочвайки къде е нужно да се приложат усилия за преодоляване на препятствията.

Егоизмът разкрива местата, където на човек му предстои да се потруди, за да преодолее предизвикателствата, предизвикани от самия него (егоизма). В процеса на преодоляване на тези егоистични препятствия, човек се приближава до по-дълбоко разбиране на себе си, своето място в света и отношението си към Твореца.

Рабаш

„Известно е, че няма светлина без кли. Т.е. невъзможно е да се даде на човека каквото и да било насила, защото е известно, че няма насилие в духовното." [28]

Ако човек се стреми към истински духовен прогрес му е необходимо страдание от любов, а не обикновеното егоистично страдание. Тези „страдания от любов" са свързани с желанието да отдава, да обича и да се съединява, а не да получава за себе си.

За тази цел на човек му е необходимо желание, което придобива от общуването с обкръжението. Собствените желания не са достатъчни за придвижването му напред.

Важна крачка се явява включването в група, където е възможно да получи подкрепа, вдъхновение и посока. В групата човек се учи да усилва своите желания, общите цели и стремежи, което ускорява духовното му развитие. Общуването и взаимодействието с другарите в групата му позволяват да преосмисли и преобразува своите страдания в страдания от любов, които водят до растеж и духовно усъвършенстване.

ВИДЕО ПО ТАЗИ ТЕМА ⟶

---

28 Рабаш. Статия 11. Кои са двата етапа, които предхождат „лишма".

НАВИКЪТ Е ВТОРА ПРИРОДА

Навикът формира нови свойства

Ние съществуваме в единна система, взаимозависими сме, дори ако това не винаги е очевидно. Човекът трябва да създаде в своя ум представата, че той зависи от другите и другите зависят от него. Затова няма смисъл да изпитва негативни чувства към никого в този свят и да се опитва да отдели от останалите. Вместо това трябва да се полагат усилия, за да осъзнае, че всички хора се намират в състояние на взаимно разбирателство и общност. В този случай, човек започва да взема правилни решения, както по отношение на себе си, така и по отношение на останалите, избягвайки грешки в живота си. Фактически именно това изисква природата от нас.

Разбирането за взаимозависимостта може да ни доведе до прекратяване унищожаването на природата, усъвършенстване на човешкото общество, намаляване на вредите, които си причиняваме един друг и отказ от разработка на средства за взаимно унищожения. Ако всички ние разбираме и ценим тази връзка, ние бихме могли да живеем много по-хармоничен и щастлив живот на нашата планета.

Възприемането на света от гледна точка на взаимозависимостта и взаимното разбиране изисква значителни усилия. Повечето хора, действайки под влияние на егоизма, очакват някакво видимо възнаграждение за своите усилия. Егоистичното мислене се фокусира на незабавна лична изгода и не винаги е способно да види дългосрочните ползи от построяването на хармонични взаимоотношения и взаимно разбиране.

Изходът от това положение се състои в използване силата на навика. Навикът е мощен инструмент, който може да възникне от вътрешни усилия и осъзнат избор, а също в резултат на външни въздействия и обстоятелства. Създавайки навик, ние можем постепенно да препрограмираме нашите реакции и поведение.

Например ако ние съзнателно започнем да мислим и действаме в духа на взаимната зависимост и разбирателство, с времето това може да стане наша естествена реакция, дори ако изначално този подход ни се струва непривичен и сложен. Това е подобно, както когато ние свикваме с физическите упражнения или здравословно хранене. Отначало се изисква усилие, но с времето се превръща в част от ежедневието ни.

Навикът може да се променя

Във възпитанието на децата родителите често акцентират върху формирането на полезни навици у своите деца, такива като да си мият зъбите, да почистват след себе си и т.н. Фразата „ти трябва, трябва, трябва...", става обичайна, колкото повече родителите непрекъснато я повтарят, докато това действие не породи у детето навик, който да се превърне в ежедневна рутина. В крайна сметка тези навици здраво се вграждат в ежедневния живот на детето и то започва да се чувства неудобно без тяхното изпълнение.

Например много от нас помнят как мама непрекъснато ни напомняше за миенето на зъбите. В детето възниква желание да избегне това, но постоянните напомняния в крайна сметка водят до това, че почистването на зъбите става автоматичен навик за детето, дори без напомняне.

По този начин, това което в началото започва като задължение, с времето се превръща в обичайно и естествено действие, освобождаващо човека от необходимостта да полага допълнителни усилия за неговото изпълнение.

Баал Сулам

„Когато човек свикне с нещо, това нещо се превръща за него в навик, а всеки навик може да стане втора природа на човека. Затова не съществува нищо, в което човек да не може да усети вкуса на реалността. И даже ако стане съвършено безчувствен към определено нещо, то благодарение на навика си, той започва да го усеща.[29]"

С времето навикът се превръща в необходимост. Всичко зависи от това колко съзнателно тренираме себе си, внушавайки си определена форма на мислите, поведението, движенията и реакциите. С помощта на това самовнушение и самодисциплината ние можем да препрограмираме себе си по такъв начин, че да получаваме удоволствие от определени действия, обекти и вещи или обратно, да отвикнем от тях.

Кабала ни учи, че човек може да придобие нови свойства – отдаване и любов. Те могат да се развият под влияние на обкръжението, което поощрява и поддържа такива качества.

Обкръжението формира навици

Външните фактори играят важна роля при формирането на навици. Социалната среда, културните норми, образователната система и медиите могат значително да повлияят на навиците, които развиваме. Разбирането

---
[29] Баал Сулам. Шамати. Статия 7

за това може да ни помогне съзнателно да изберем кои външни въздействия да допускаме в своя живот и кои не.

Изборът на правилните навици може радикално да промени нашия живот към по-добро. Става дума за осъзнаването, че ние се явяваме част от общата система, в която всеки е тясно свързан с всички хора в света. Същността на този навик е да се научим да мислим за благото на другите, а не само за своето собствено. Дълбокото разбиране на такава взаимосвързаност може да стане ключ към създаване на по-хармонично и балансирано общество.

Всички съвети на кабалистите са насочени към това да ни приучат към действия, свързани с отношенията към другарите, разпространението и изучаването. Това не е случайно – целта е да се „вгради" в нас осъзнаването за необходимостта от излизане извън пределите на своя „животински" егоизъм.

Същността е в това, че истинският духовен свят не е вътре в собствения ни егоизъм, а навън - в отношенията ни с обкръжението и стремежа да направим света по-добър за всички.

Въпреки това ние сме трябва да разберем, че в крайна сметка промените в човека възникват под въздействието на специална сила в природата – висшата светлина. Методиката на кабалистите позволява активирането на това ниво на природни сили, превръщайки нашата изначално егоистична природа в алтруистична.

Нашата задача е да развием чувствителност към светлината. Ние трябва да си задаваме въпроса: „Какво ми е нужно, за да я почувствам?" Нашите действия към този въпрос са: развиване на свойството отдаване и усилване на чувствителността към това, което се намира извън мен.

В резултат започваме да усещаме вибрациите на светлината, които ще се разкриват постоянно, а не само понякога.

Обществото формира човека

Средата оказва значително влияние върху човека и е способна да променя неговите навици и поведение. За това се задействат различни емоционални стимули, такива като ненавист, любов, стремеж към слава и почести, а също и чувството на срам. Всеки от тях може да мотивира човека към изменение на неговите навици и поведение, защото те въздействат на неговите чувства и убеждения.

Например, стремежът към почит и признание може да бъде стимул за развитие на нови умения и навици. Срамът играе особено силна роля във формирането на поведение, защото хората се стремят да избягват действия, които могат да доведат към осъждане или негативното им възприемане от страна на околните. Влиянието на обкръжението върху човека може да бъде мощен инструмент, както за положителни, така и за отрицателни промени в неговия живот.

Нашите обществени и образователни системи често не работят ефективно, защото те не получават достатъчно подкрепа от обществото. В степента, в която обществото става по-отворено, хората започват да се отдалечават един от друг. Например Китай дълго време беше затворено общество със своите уникални закони и традиции. С отварянето на страната към външния свят, китайското общество започна да се сблъсква с проблемите на разделението. Въпреки правителствения контрол, тези проблеми се задълбочават, защото между другото китайското общество е изключително многолико и многобройно.

В случаите, когато става въпрос за милиони хора, практически е невъзможно да се осъществи дълбока емоционална връзка на индивида с обществото.

Заедно с това съществуват примери, когато хората в тесни, закрити групи, такива като водолазите или алпинистите, създават изключително силни взаимоотношения. В екстремни условия в колектив, където оцеляването зависи непосредствено от сплотеността и взаимопомощта между хората, често се развиват особено дълбоки емоционални връзки. В такива групи хората могат да са така привързани един към друг, че дори да са готови да се разделят със собствения си живот, ако загиват приятелите им.

ВИДЕО ПО ТАЗИ ТЕМА

РАБОТА С ПРЕЧКИТЕ

Пречките - езикът на Твореца

Рабаш:

"Когато човек пристъпва към работа, за да стане праведник, т.е. да не получава никаква отплата за себе си и прави всичко само за това, за да достави удоволствие на Твореца, тогава тялото му не е съгласно и му създава пречки."[30]

Съществуват различни видове пречки, влияещи върху различните степени, съгласно четирите стадия на развитие в природата. В зависимост от уникалната структура на всеки човек, Природата или Твореца знае как да му въздейства. Това се случва в съответствие с устройството на душата, тоест с вътрешното ни желание, което трябва да доведем до състояние на равновесие и сливане с Твореца.

Пречките се явяват своеобразен език. Твореца пробужда у нас противоположни на Неговите свойства. Когато ние преодоляваме тези противоположни свойства, започваме да влизаме в контакт с Него.

Да се издигнем над пречките означава да ги поемем, обработим и удържим, носейки се над тях подобно на клонче върху вълните, което в основата си докосва водата, а отгоре усеща въздуха.

На практика пречките се явяват помощ от Твореца. Те служат като указание за онези места в нашата душа,

---

[30] Рабаш. Статия 29. Разликата между лишма и ло-лишма.

където трябва да се направи корекция. Пречките ни разкриват това, което ни разделя, това което пречи на нашето единство. Следователно ние трябва да сме благодарни на тези пречки и правилно да работим с тях.

Всяка пречка ни показва къде се отклоняваме от пътя, какви препятствия е нужно да преодолеем, за да постигнем хармония и сливане с Твореца.

Как правилно да реагираме на пречките

Всичко, което е около нас, в своята същност е Твореца, т.е. система, в която ние съществуваме, като в матрица. Поради това кабалистите утвърждават, че човешкото общество в своята същност се явява проявление на Твореца и всеки човек трябва да намери правилно взаимодействие с Него.

Твореца е единна сила, която управлява всичко и постоянно взаимодейства с мен, чрез заобикалящите ме обекти. Важно е да разберем как правилно да реагираме на това. Може да се достигне до такова състояние, при което зад всеки обект и явление да започна да виждам Единната управляваща сила и по този начин да започна да общувам с нея.

Необходимо е да се научим да разчитаме посланията, които ни изпраща тази универсална сила – Твореца. Това ще ми позволи да разгадая Неговия език и да взаимодействам по-дълбоко с обкръжаващия свят. При такова разбиране ще мога да чуя и възприема гласа на Природата във цялото й многообразие: песните на птиците, звуците на животните, шепота на растенията и вятъра, дори тътена на Земята. Това ще отвори пред мен нов свят, в който всеки природен елемент общува на универсалния език на Твореца, разкривайки ми дълбоките тайни на битието и неговата роля в единната система на Вселената.

Всички действия на Твореца са насочени към това да приближи всеки от нас и цялото човечество към Себе си. Това осъзнаване изисква от нас умение да виждаме във всяко събитие, във всеки момент от нашия живот Неговото висше въздействие. Необходимо е да се научим да възприемаме всяко произшествие, всяка случайност или изпитание като част от по-голям план, предназначени за нашия духовен ръст и развитие.

Да си представим ситуация, когато ние откриваме неприятни качества в нашия другар. В действителност той, подобно на ангел, отразява като в огледало нашите все още непоправени свойства.

По лъжовния път няма проблеми

Баал Сулам

„Когато човек преодолява трудностите и пречките, невъзможно е да го отблъснеш лесно... Тъй като само чрез пробиви и големи усилия му се разкрива висшата сила (висшата малхут) и той е достоен да влезе в Царския дворец."[31]

Пречките обикновено възникват от две страни. Като пример: В този момент, когато се каниш да извършиш алтруистично, отдаващо действие, на мига започват да изплуват познатите съмнения и въпроси: „Защо ми е нужно това?", „Какво ми дава тази работа?", „Кой е този Творец и защо трябва да следвам неговата воля?". Тези мисли могат да ме спрат, или да ме отклонят от правилното намерение.

---

31 Баал Сулам. Статия 70. Със силна ръка и изливаща се ярост.

От друга страна, когато аз действам заради лична изгода, моят егоизъм ме поддържа и ми позволява да правя това, което ми дойде наум. В този случай, аз се чувствам уверен, сякаш постигам успех, въпреки че това е само илюзия, основана на самозалъгване и ограничен поглед на живота.

Ние постоянно получаваме сигнали от нашия егоизъм и от Твореца. Всички неприятни състояния, с които се сблъскваме, било то тежест в сърцето, объркване, раздразнение, загуба на усещането за Твореца, духовната работа и връзката с групата, следва да се разглежда като важни моменти на поправянето.

На всяка крачка от нашия път ние трябва да се учим да избираме правилната посока, съпоставяйки собственото ни желание да се насладим с желанието на Твореца да отдава. Тогава ще разберем, че ситуации, които ни се струват пречки, по своята същност се явяват корективи на нашата жизнена посока.

Вместо да се съсредоточаваме на тези препятствия, ние следва да насочим усилия си към обединение и вътрешно сплотяване. Този подход ни позволява да преодолеем вътрешните и външните препятствия и да се движим в посока на духовното развитие.

Победата над пречките е в обединението

Критериите за успех в нашия духовен растеж се явява способността да продължаваме да се обединяваме, въпреки възникващите пречки и трудности. Тази устойчивост към външните препятствия и вътрешните съмнения, способността да се съхранят и укрепят връзките с околните, дори в условия на изпитание, е знак за нашия напредък във вътрешната работа. И обратното, отделянето и разривът в отношенията свидетелстват за неуспех, за неспособност за преодоляване на егоистичните тенденции и работа за общото благо.

Необходимо е правилно да настроиш себе си за разбиране на това, че на всеки етап от нашия път ще се сблъскваме с пречки, постоянно усещайки тяхното влияние над нашите чувства и свойства. Тези трудности са неизбежни и изключително важни, защото сами по себе си представляват онази материя, която трябва да поправим.

Представете си, че се намирате в ситуация, в която някой се държи враждебно с вас, казвайки неприятни думи или някой от групата желае да си тръгне, или у вас самия възниква усещането за вътрешно падение. Всички тези моменти се явяват пример на тези свойства, над които е необходимо незабавно да започнете да работите, обединявайки се за тяхното поправяне. Когато вие активно работите над тези проблеми заедно, тези свойства започват да се трансформират и интегрират във вашето поправено състояние.

В нашия живот непрекъснато се сблъскваме с множество противоположни явления. Те варират от различни физически въздействия, такива като студ и топлина, налягане и вакум до по-сложни чувствени параметри. Към последните се отнасят емоционалните преживявания, такива като ненавист и любов, радост и отчаяние и много други. Тези противоречиви усещания и преживявания не възникват случайно. Те са помощници в духовния растеж.

Струва ни се невъзможно да възприемем противоречивите чувства, като радост и отчаяние едновременно. Отговорът е в издигането над нивото на всички добри и лоши състояния.

Това ниво се нарича „вяра над знанието". То означава начало на работата със своите свойства в посока отдаване, а не получаване. Работейки обратно с всички свои усещания, човек започва да възприема онова, което се случва като абсолютно добро. Това позволява да се преодолеят противоречията и да се намери хармония в това, което преди ни се е струвало несъвместимо.

В кабала няма златна среда

В нашата работа се сблъскваме със ситуации, които се различават от традиционния подход в науката или в обикновените човешки отношения, където противоречията често ни поставят в задънена улица и ни водят към объркване. В ежедневния ни живот, когато ние се сблъскваме с противоположни мнения или интереси, ние обикновено търсим компромис или т.н. "златна среда" за да разрешим конфликта.

В духовната работа обаче подходът към противоречията е различен. Тук не става въпрос за търсене на компромис между две противоположности, а за въздигане на ново ниво на възприятие, където тези противоположности могат да съществуват в хармония, без да си пречат една на друга.

В Кабала концепцията "златна среда" се счита за неправилна. Кабала учи, че стремежът към компромис, когато ограничаваме себе си, приемайки някакво средно решение, отказвайки ни от активни действия, е погрешен. Напротив, кабалистичният подход е в избора на максимално проявление от две противоположни състояния, за да постигнем хармония на по-високо ниво.

Когато ние се издигаме над своя егоизъм, тези две струващи ни се противоположни системи, придобиват единство. Едната от тях се превръща в желание, а другата в негово напълване. Именно тази интеграция се явява методика за довеждане на света до съвършено състояние на хармония. В този процес ние не просто отстраняваме дисбаланса между противоположностите, но и създаваме нова по-висока реалност, където противоположните сили се допълват и обогатяват една друга, водейки до цялост и съвършенство.

Какво е духовно равновесие

Земният живот е устроен по такъв начин, че на фундаменталните природни нива – неживо, растително и животинско се поддържа относително равновесие. То се регулира от цикличността на живота и смъртта на отделните организми. Но това равновесие е относително и временно, тъй като не може да противостои на изпитанията на времето - всяко същество и всеки елемент имат свой край. По този начин материалното равновесие не издържа проверката на времето.

В контраст с това духовното равновесие се характеризира с постоянно развитие и еволюция. В духовните измерения процесът на развитие продължава дотогава, докато не се достигне абсолютно равновесие във всичките му аспекти. Това състояние на идеален баланс и хармония се нарича „пълно поправяне". В това състояние се достига дълбоко синергия и обединение на всички елементи, осигурявайки устойчивост и постоянство, които са неподатливи на ограниченията на времето и материалния свят.

В основата за постигането на удовлетворение, щастие и наслаждение стои принципът на предварителното усещане за празнота и недостиг. Без предварителното усещане на този недостиг или желание, удовлетворението не може да бъде пълноценно. Затова важен елемент на процеса за постигане на добри резултати, се явява борбата или преодоляването на трудностите. Тази борба създава контекст, в който последващите удовлетворения или радост се усещат много по-ярко и значимо.

ВИДЕО ПО ТАЗИ ТЕМА ⟩⟩⟩⟩⟶

РАЗНОГЛАСИЯ

За какво са нужни разногласията

Важно е да осъзнаем, че причината за възникването на споровете в групата, често се явява проявата на нови желания. Тези нови желания могат да бъдат разнообразни и често конфликтни, тъй като всеки член на групата преминава през свой уникален път на развитие и самопознание. Когато тези нови стремежи и желания се сблъскват, те могат да доведат до неразбиране, разногласия и спорове вътре в групата.

Тези моменти не трябва да се приемат негативно. Те могат да станат важни фактори за развитието, както на другарите, така и на групата като цяло. Спорът и дискусията могат да породят проблеми във взаимоотношенията в групата, предоставяйки възможност за съвместно търсене на решение. Процесът на преодоляване на тези разногласия и построяването на взаимно разбиране, може да стане път към по-дълбоко единство и хармония в групата.

В ежедневния ни живот често се наблюдава как хората се опитват да докажат своята правота, оказвайки по един или друг начин натиск върху опонентите си. Този подход неизбежно води до задънена улица. Натискът и опитите насилствено да убедят другия в своята гледна точка, не помага за достигането на истинско съгласие или взаимно разбиране. Това само усилва конфликта и разногласията, създавайки допълнителни прегради за обединение и сътрудничество.

Истинското съгласие може да бъде достигнато само в открит диалог, с уважително отношение към различните мнения и позиции и готовност към съвместно търсене на решения. Важен е стремежът към взаимно разбиране, а не доминиране в общуването.

Противоречивите мнения в диалога или груповото обсъждане трябва да бъдат балансирани по такъв начин, че да не водят към взаимно отричане, а обратно да се запазват и допълват едно на друго. Това означава, че идеалния вариант различните гледни точки не само се признават и уважават, но се използват и като възможност за обогатяване на общото разбиране по въпроса.

Вместо това да се стремим към пълна унификация на мненията, целта се явява постигането на хармония, където всяко мнения внася своя принос в по-пълното и многостранно разбиране на ситуацията.

Противоположните мнения се допълват едно друго

В ситуациите от живота ние често наблюдаваме страните в спора да търгуват и в крайна сметка да стигнат до някакво съгласие. Въпреки това такова съгласие често се явява псевдо съгласие, постигнато заради усещането за безнадежност.

В тези случаи съгласието не е отражение на искреност и удовлетворяване на всички страни, а по-скоро компромис, до който сме достигнали под въздействие / натиск/ на обстоятелствата.

В резултат на такъв подход едната или двете страни често остават недоволни, поради това, че истинските им интереси и мнения не са били отчетени или разбрани. Тези споразумения ще бъдат временни, неустойчиви и водят към по-късни конфликти или неразбиране, тъй като основните причини на разногласията не са били разрешени.

Когато целта на строителството на единство се явява сливането с Твореца, противоположните страни не просто могат, но са и длъжни да вземат активно участие в този процес. Въпреки това, в нашето ежедневно „плоско" възприемане на реалността ние често не сме способни да видим възможности за такова дълбоко единство. Това обединение излиза от рамките на нашите обичайни начини на взаимодействие и изисква намесата на Висшия свят - тази Висша сила, която превъзхожда нашето ограничено разбиране.

Както се казва: „И това и другото са думите на Живия Бог." Тази фраза подчертава, че противоположните мнения и възгледи не се изключват, а се допълват един друг. В този процес се проявява намесата на Висшата светлина, която позволява да се преодолее двойствеността и да се достигне по-високо ниво на единство и хармония, недостъпни за нашите обичайни възприятия.

Само общите стремежи към единната цел могат да ни разкрият Висшата сила. Този процес може да започне с прости механични действия, но той изразява нашия стремеж да се издигнем на по-високи от сегашните ни нива на разум и чувства, за да придобием обща интелигентност и мъдрост.

Това ни позволява да усетим присъствието на Твореца вътре в нас, както гласи и изразът: „Твореца живее в своя народ", вътре във всички, които се обединяват в стремежа си към Него.

Съществува разбирането, че всеки от нас е и прав и грешен едновременно и затова истинският мир между нас не може да цари на обичайното ниво.

Въпреки това, ако се стремим към мир на ниво, което е над нашите лични разногласия и конфликти, както се казва: „ЛЮБОВТА ПОКРИВА ВСИЧКИ ПРЕСТЪПЛЕНИЯ", ние можем да постигнем дълбоко взаимно разбиране и съгласие.

Представяме си, че държим над себе си „чадъра на обединението", грижейки се само как да го удържим и подсилим.

Това сравнение подразбира, че всичките наши разногласия и взаимни обвинения не се явяват препятствия за мира, а обратно средство за неговото укрепване. По този начин конфликтът се разрешава не чрез изтриване на нашите различия, а чрез издигане над тях, признаване на техните ценности и използването им в качеството на градивен материал за трайно създаване на силен чадър на единство.

Този подход ни позволява да погледнем на противоречията под нов ъгъл, виждайки в тях възможности за развитие и задълбочаване на нашите взаимоотношения, стремейки се към по-високо ниво на хармония и съгласие.

Разногласията трябва да останат

Всички войни и проблеми, с които се сблъскваме се причиняват от Твореца, за да ни предоставят възможност да ги поправим.

Това поправяне предполага построяване на „средна линия" – баланс между противоположностите.

В тази средна линия ние намираме хармония между враждуващите страни и интереси, превръщайки разногласията и сблъсъците във възможност за създаване на единство и разбиране.

Когато ние достигнем до този баланс, между нас се разкрива Твореца. Това означава, че в момент на постигане на истинско взаимно разбиране и единство, ние започваме да осъзнаваме висшия порядък и хармония, които стоят в основата на нашето съществуване. В резултат на това ще настъпят край на войните и ще се установи всеобщ мир.

В кабалистичната група подходът към разногласията между членовете на групата е уникален. Важното е да запазим тези разногласия. Още повече всеки член на групата остава верен на своите убеждения и виждания. Главното - това е стремежът към достигане на обединение, въпреки тези различия. Такова обединение се явява източник на особена радост, тъй като самият Творец ни дава възможност да бъдем заедно, въпреки нашите различия.

Важно е да намерим истината

Разногласията и споровете – това са две различни явления. Разногласията възникват, когато хората се стремят да изяснят важните, принципни въпроси, при това са истински е заинтересовани в търсене на истината, или по-доброто решение.

В разногласието главното, това не е въпросът кой е прав – аз или моят другар, както и да не доказваме на всяка цена своята правота.

Главното е да изясним истината.

В този процес всички участници се стремят към разбиране, а не към превъзходство.

В този диалог всяко мнение се разглежда като ценен принос в общото разбиране, а не като позиция, която трябва да се отстоява или защитава.

За разлика от това, спорът обикновено произхожда от егоистични позиции, където всеки участник в конфликта се стреми да повдигне себе си за сметка на другия, доказвайки своята правота или превъзходство над ближния. Тук отсъства желание за съвместно търсене на истината и разбиране. Главната движеща сила се явява желанието да се задържиш на върха в спора, което често води до разрушителни последствия за взаимоотношенията.

В самото начало е необходимо да се постигне такова състояние на взаимодействие, където двете страни проявяват искрен интерес към търсене на истината. В противен случай безкрайният спор е неизбежен и препоръчително ще бъде просто да спре обсъждането. Това състояние има особено име „блима", произлизащо от думите „забавяне" и „спиране".

В процеса на изясняване на истината ние не се занимаваме с взаимни нападки. Важното е в началото да изясним за себе си, какви са целите и смисъла на разговорите с приятелите. Обсъждането може да продължи само при общото разбиране, че нашата цел е търсене на истината. Такъв подход подсигурява конструктивност и съдържателен диалог.

Главното- това е мнението на Твореца

Ние непрекъснато преживяваме различни емоционални състояния: мълчание, конфликти, разногласия, разнообразни обсъждания спорове. Във всеки момент е важно да осмислим тези състояния, през призмата „Целта на творението".

Разногласията в края на краищата могат да станат мостове, водещи до общо разбиране и консенсус.

Това обаче е далеч и не винаги става автоматично. В Талмуд се описват дискусии между мъдреци, всеки от които се намира на своето духовно ниво. Тези дебати са важна част от духовното търсене и себепознание.

Тора на свой ред е построена на принципа на разрешаване на противоречията. Тя не само разказва истории, но и засята вечните въпроси на взаимоотношенията на човека с Твореца и окръжаващия го свят. Тези спорове (махлокот) и обсъждания ни довеждат до разбирането на дълбоки духовни въпроси, различни от ежедневните семейни или битови разногласия.

Разногласието значително се различава от обичайните спорове. Прекрасен пример за това се явява дебата между Шамаем и Хилелем. В техните дискусии не е важно кой е прав и кой не, отколкото стремежът да се постигне истината.

Истината, или „емет" на иврит, се явява едно от имената на Твореца. Когато ние се намираме на пътя на единението с Твореца, ние сами откриваме „емет" - истината.

Всъщност същността на несъгласието е да се търси мнението на Твореца. Когато в процеса на споровете се разкрива Твореца, това е признак на това, че постигнатото решение е правилно.

ВИДЕО ПО ТАЗИ ТЕМА ⟫⟫⟶

КАБАЛИСТИЧНАТА ТРАПЕЗА

Вътрешния смисъл на трапезата

В кабала трапезата олицетворява получаване на висшето изобилие на Твореца.

Съществуват различни видове трапези: празнични, съботни, трапези по новолуние и други. Всяка от тях символизира определен вид получаване на светлина.

Важна част от кабалистичната трапеза не е редът на сервиране или изборът на блюда, а вътрешната работа на всеки участник и неговото намерение.

Същността на тази трапеза е благодарността към Твореца за храната и уважителното отношение към осталите участници. Това ни помага да преодолеем собствения си егоизъм и укрепва духовната връзка между хората. Подобен подход превръща обичайния прием на храна в духовна работа.

Преди началото на кабалистичната трапеза всеки участник е длъжен да премине особена подготовка. Целта на тази подготовка е да се развие усещане за равенство и братство между всички присъстващи. Обединението на участниците на трапезата в единна хармонична група им позволява да се издигнат заедно на ново ниво на духовното развитие.

На трапезата всичко е важно: думите, които произнасяме, песните, които пеем, храната, която ядем, тяхната последователност. Във всяко блюдо, всеки залък хляб или чаша вино, ние виждаме общите цели и стремежи.

Не всеки продукт може да се консумира. За пример, който показва този принцип, може да послужи процесът на хранене на децата в нашия свят. На бебетата им дават мляко, тъй като техният организъм не е в състояние да преработи по-сложни продукти. Съгласно растежа на детето неговото хранене започва да се разнообразява: включват се преварени зърнени храни, каши, пюрета от плодове и зеленчуци и други. Това постепенно усложняване на порциона отразява развитието и укрепването хранителната система на детето, аналогично на това как духовното развитие на човека определя неговата способност да „храносмила" нови духовни нива..

Храната като висша светлина

Рамбам, забележителен кабалист от XII век, който е бил известен философ, лекар и астроном, е отделил значително внимание на темата трапеза и приема на храна в своите медицински трудове. Той е подчертавал важността на старателното дъвчене на храната и получаване на удоволствие от храненето. Рамбам е утвърждава, че ако храната се употребява неправилно, тя може да нанесе вреда на здравето. Също е подчертавал и важността да се изразява благодарност към Твореца за храната, като по този начин набляга на духовния компонент в храненето.

В духовен смисъл храната символизира не нещо друго, а Висшата светлина. Основната разлика е, че тя се употребява не за утоляване на физическия глад, а заради отдаване.

Висшата светлина, или светлината хохма, се явява източник на наслаждение и напълване. Тя е достъпна за човека само тогава, когато той достига необходимата степен на готовност за нейното приемане. Тази светлина притежава качеството отдаване, любов, връзка и противодейства на егоистичното начало. Когато човек умее да реагира правилно на своите антиегоистични стремежи, той отваря път на висшата светлина.

Светлината носи усещане за Твореца, измества рамките на нашия свят и човек започва да усеща Висшия свят.

Казано е (дори не от кабалистите), че за доброто смилане на храната, трябва да се направят 72 дъвкателни движения, което съответства на числовото значение „айн-бет". От духовна гледна точка това действие символизира процесът, в който зъбите предъвквайки светлината хохма, разделят желанието на множество малки части. Това е необходимо за да го смесят със светлината Хасадим. Във физическия свят аналогичен е процесът на сдъвкване на храната, когато тя се смесва със слюнката.

В човека 32-та зъба могат да се сравнят с 32 воденични камъка, които смилат храната, подготвяйки я за по-нататъшното й поглъщане и смилане. Важно е да разберем механиката на нашия дъвкателен апарат: защо са ни необходими устни, език, челюсти и как е устроена устата. Всяко движение в процеса на дъвчене има своето значение.

Благословения до и след хранене

Всички елементи от кабалистичната трапеза са внимателно подбрани, за да не откъсват човека от мислите за неговото духовно предназначение. Всеки елемент от трапезата, от избора на блюдо до обстановката е предназначен да помогне на човека да осъзнае къде се намира, с кого си взаимодейства и защо е важно да бъде настроен за връзка с Висшия свят и Твореца.

Написано е в сборника закони, касаещи благославянето на храната и измиването на ръцете:

Сборник закони

„Всички прегрешения ще покрие любовта – тази любов, свързана със святостта, която е в точката, покриваща всички прегрешения и всички разбивания на сърцето се отменят".[32]

Всеки прием на храна трябва да започва с благословение, потвърждаващо, че всичко в този свят произлиза от Твореца. Всички блага идват при човека свише и затова преди да пристъпи към хранене или към глътка е необходимо да изрази благодарност към Твореца. Само след тази благодарност може да се пристъпи към трапезата.

Възприемането на Твореца като синоним на природата напомня на човека, че той не е владетел на природата, а само получаващ.

Всичките благословения, обичаи и закони, имат една цел – да помогнат на човека постоянно да усеща своето пребиваване в пространството, създадено от Твореца.

Преди началото на трапезата се изразява благодарност за възможността да се получи храна, която символизира грижата на Твореца. След трапезата се изразява благодарност за насищането и енергията, които тази храна ни е дала, позволявайки с това живота да продължи.

Една от историите в Талмуд описва кончината на учител-кабалист и действията на неговите ученици след неговия край. Съгласно волята на учителя, неговите ученици го погребали извън границите на града. След погребението извършили ритуала измиване в реката, след което всички се събрали на трапезата. Тези ученици също били кабалисти и се намирали в тясна духовна връзка един с друг. Но след трапезата те се сблъскали с неочакван проблем: не са могли да направят благословението след трапезата. Те осъзнали, че са загубили тази способ-

---

[32] „Сборник закони". Благословение за храна и миене на ръце след хранене, закон 3.

ност след загубата на своя учител, което свидетелства за това, че с неговата смърт си е отишла и определена духовна сила. Независимо от предаността към учителя и взаимната връзка помежду им, учениците почувствали загубата на тази сила.

Съботните трапези

Първата трапеза е вход в съботата, когато започва да се проявява висшата светлина.

Втората (сутрешната) трапеза е духовно въздигане, но не в началото на съботата, а в нейното утро, когато се появява следващото ниво на светлината.

Третата трапеза се провежда в края на съботата, когато силата се проявява, принуждаваща предишните келим да се съкратят и да започне подготовката за следващата седмица.

Всяка трапеза олицетворява в себе си проявлението на нова особена светлина. Всичките три съботни трапези се отличават от трапезите в делничните дни.

Въпросът е в това, че шест дни от седмицата ние трябва да работим, да анализираме своите състояния, мисли, постъпки, да поправяме своите келим от намерение за получаване към намерение за отдаване. Това се нарича „шест дни на творението", защото поправянето се извършва в шестте сфирот ХаГаТ НЕХИ. Седмият ден е олицетворение на седмата сфира – малхут. В нея не е необходимо нищо да се поправя, защото малхут започва да приема в себе си светлина заради отдаване, благодарение на това, което е направено в шестте делнични дни (в шестте сфирот).

Съботата е поправяне свише, когато се събират всички наши усилия, положени през шестте делнични дни, т.е. в шестте сфирот. В събота не работим, защото в този ден е забранено всяко поправяне.

Работа се наричат единствено действията за духовно поправяне. Ако вземеш чук и от сутрин до вечер работиш до изнемога - това не се счита за работа.

Мълчанието на трапезата

Същността не е в мълчанието само по себе си, а в дълбочината на намерението. Когато човек сяда на масата с единомишленици, това е време за размисъл за съвместните стремежи към духовната цел. Участниците в трапезата обмислят как да достигнат до по-голяма степен на обединение, какви нива на взаимодействие и отдаване на Твореца желаят да постигнат.

Важно е в такива моменти хората да запазят тишина, позволявайки всеки да се потопи във вътрешните си намерения и търсения. Това не е само физическо събрание на маса, но и възможност за духовен растеж в съвместния устрем към духовната цел.

Важно е всяко движение, включвайки подаването на храна и самото хранене, да не пречи на останалите да останат в своите мисли.

Рамбам е учил, че приема на храна трябва да преминава в мълчание в обкръжението на приятелите или семейството, с постоянно усещане за благодарност. На трапезата също така се практикува тананикане на кабалистични мелодии, обичайно без думи, което способства за създаване на особена атмосфера.

Тези елементи: мълчание, мелодии и присъствието на другарите подпомагат дълбокото вътрешно сближаване. Такова обединение способства да се повдигне общото вътрешно единение към Твореца.

Кашерна и некашерна храна

Кашерни се считат тези животни, които имат вътрешен кръг на храносмилане. Това символизира правилното намерение, понеже при тези животни храната не преминава просто от горе надолу.

Всички действия на Висшия свят се отразяват на животинско ниво. Човекът, който се намира в духовно постижение, гледайки рибата или някое друго животно, може веднага да определи дали то е кашерно или не.

Некашерната храна символизира форми, които е невъзможно да бъдат приети с цел отдаване. Ето защо тя не се употребява. Заедно с това в края на поправянето, когато духовното развитие достигне своя завършек, ще бъде възможно да се употребява за храна абсолютно всичко, тъй като егоистичното намерение изчезва и човек ще бъде настроен към истинско отдаване и любов.

Хлябът

Хлябът не е просто основен продукт на храненето, но е и символ на голяма промяна в живота на човека. Когато хората са започнали да разделят земята и да подчиняват природата, те направили голяма крачка в своето развитие. Преди те прекарвали целия ден в търсене на храна, но с увеличаване на добивите от земеделието това се променило. Те вече можели да отглеждат храна си, което им дало повече свободно време за други занимания.

Благодарение на земеделието хората започнали да произвеждат повече храна, отколкото им била нужна за преживяване. Излишъкът започнали да заменят за други стоки. Това довело до развитие на търговията и появата на различни професии. По този начин хлябът и земеделието не само променили начинът на хранене на хората, но и напълно преобразили начина им на живот и взаимоотношенията им в обществото.

За първи път пшеницата била облагородена и започнала да се култивира в земята на Израел. Оттогава хлябът станал основна храна в целия свят. Хората са така устроени, че хлябът за тях е не само питателна, но и вкусна храна. Едно от ключовите предимства на хляба е в това, че за разлика от месото, зърното и брашното могат дълго време да се съхраняват, без да се развалят. Това прави хляба особено ценен продукт.

В крайна сметка началото на култивирането на пшеницата и производството на хляб има дълбоко влияние за формирането на съвременната цивилизация.

Съгласно кабалистичните традиции хлябът е въплъщение на свойството бина. Бина е принципа на отдаване, който се проявява в природата: животните дават мляко, дърветата плодове, а земята щедро дарява хляб. Всеки от тези природни дарове се съпровожда със специална благословия.

Земята в кабала символизира свойството получаване. Тя поглъща, абсорбира и преработва в себе си всичко. В момента на съединяването на земята и водата в нея се полага зърното, зародишът на живота, който попадайки в плодородната почва, започва да расте. Порасналите кълнове символизират развитието на свойството бина - принципът на отдаването и растежа, които се съдържат в основата на всичко живо.

Трапезите в Храма

Храмът в древни времена е бил не просто място за религиозни ритуали, но и център на обществения живот. Той едновременно е служил за арена на жертвоприношения, обществени трапези и място за учене, където са пристигали хора от всички краища на страната.

Подготовката за трапезата и самият процес на хранене били строго регламентирани от традициите.

Посетителите на храма водели със себе си кози и други животни, които коените и левитите обработвали по определен начин, следвайки древните изисквания. След клането и разфасоването от тяхното месо се приготвяли разнообразни ястия. Тези ястия се поставяли на общата маса и всеки желаещ можел да вземе участие в трапезата.

Храмът в алегоричен смисъл представлявал място, където всеки човек можел да достигне нивото на единство с коените и левитите. За обикновения човек нивото на тези свещенослужители, обкръжени от ореоли на святост и духовна чистота, се считало за недостижимо. Принасяйки жертва обаче човекът сякаш се приравнявал с тях.

Процесът на жертвоприношение в древността се различавал от начина, по който често го представят холивудските филми. Всъщност това не е било хаотично стълпотворение, където безкраен поток от хора водят животни за клане. Напротив, жертвоприношението изисквало дълбока вътрешна подготовка. Хората принасяли жертва само тогава, когато те били напълно готови за това, когато техните външни действия да били в хармония с вътрешния им свят.

Обикновено в кабалистичната трапеза вземат участие тези, които с нейна помощ желаят да се издигнат духовно. Те разбират защо се събират заедно. Това е голяма вътрешна работа, изискваща огромни усилия. Нивото на трапезата може да бъде даже по-високо от нивото на урока, тъй като става въпрос за дълбока вътрешна работа.

В Тора се говори за това как Авраам е подготвял трапези. Той сам е колил агнетата, готвил е храната и устройвал угощение за десетки гости. Авраам не само приготвял храната, но и прислужвал на своите гости, помагайки им да се съединят и извисят духовно. За кабалиста подобно обслужване на другарите се явява важна духовна работа. Приготвянето и подаването на храната, грижата за гостите се счита не просто гостоприемство, а възможност за достигане на духовно израстване и развитие.

ВИДЕО ПО ТАЗИ ТЕМА ⟫⟶

КАКВО ОЗНАЧАВА ЕГИПЕТ

Как стигат до Египет

Историята на египетското робство на еврейския народ е представена в Тора. В същността си това са алегорични описания на духовния път на човека.

В определен момент от своя живот човек започва да усеща, че живее безсмислено. Нито религията, нито вярванията, нищо не обяснява и не дава удовлетворяващ отговор на въпроса за смисъла и целта на живота. Това означава, че в човека се събужда така наречената „точка в сърцето", която в Тора се нарича Моше.

Пробуждането на тази „точка" означава начало на пътя към себепознанието и духовното търсене. Както Моше извежда евреите от египетското робство, така и тази „точка в сърцето" извежда човека към освобождение от вътрешните съмнения в търсене на истината.

Когато след това човек попада в истинска кабалистична група, той открива за себе си, че духовното издигане започва с обединение на другарите.

В Тора този принцип намира отражение в историята за синовете на Яков. По-малкият брат Йосеф, чието име се образува от думата „осеф"- „събира, обединява", е противоположен на своите братя, които олицетворяват егоистичните желания вътре в човека, които пречат на обединението.

Интересното е, че Йосеф в крайна сметка попада в египетското робство. В кабалистичните интерпретации

Египет или Мицраим на иврит, символизира "концентрираното зло" - съчетание от думите "миц" и "ра". "Фараонът" или "Паро", представлява главната егоистична сила в природата.

Когато човек се стреми към обединение с другите, той символично се "спуска в Египет", в света на на своя вътрешен егоизъм. Този процес, макар и сложен, се явява необходим етап от духовния път.

Египет – свят на егоизма

Пътят към духовното обединение, който започва в Египет – света на егоизма, води до увеличаване на егоистичните желания.

В Тора този момент символично е изобразен като седем плодородни години. В този период човек все едно се потапя в света, където господстват материалните ценности и където удовлетворението на егоистичните желания се явява главна цел.

Целта на творението е разкриването на Твореца и поради това след периода на изобилие следва период на лишения - "седем гладни години". Тази рязка смяна в условията на живот ни води до мисълта, че удовлетворяването на егоистичните желания в крайна сметка е безсмислено, тъй като те са обречени.

Този контраст между периодите на изобилие и нужда ни учи, че истинско напълване и удовлетворение можем да намерим само в стремежа към разкриване на Твореца.

В Египет за сметка на егоизма, "точката в сърцето" на човек - Моше - започва активно да се развива, постепенно увеличавайки се. Тя придобива всички егоистични свойства и форми. Без потапяне в егоизма е невъзможно да се започне движение в посока на Твореца. Този процес символично се илюстрира в историята, когато Моше попада в двореца на фараона и е възпитан там. Именно след това той вече е готов за изпълнение на своята мисия.

За да разкрие Твореца, Моше е трябва в пълна степен да се откаже от своето минало. Приемното му семейство фараона като дядо и Батия като майка символизират неговия живот в Египет. Моше, бидейки по ранг принц на Египет, е принуден да избяга от двореца в пустинята. Това бягство е важен повратен момент в неговия живот. То означава отказ от минали стремежи, начало на нов път към духовното и изпълнение на своята истинска мисия.

След престоя си в пустинята Моше или „точката в сърцето", се връща в Египет като съвършено нова личност. Сега той съществува независимо от своя егоизъм и в корена си е противоположен на фараона, който символизира егоистичната природа. Моше повече не вижда във фараона своя дядо.

Такова състояние се нарича „осъзнаване на злото" (акарат-ра).

Осъзнаването на злото в десетката се случва, когато всички другари достигат до разбирането, че се намират в Египет, а фараонът символизира нашия общ егоизъм, неговата сърцевина, желанието да получаваме, да се наслаждаваме, използвайки всичко около нас за свои цели.

Връщането на Моше в Египет и искането му към фараона да освободи неговия (на Моше) народ, символизира духовното пробуждане и готовност за борба срещу егоистичните желания. Това е момент, когато духовният стремеж преодолява егоистичния и започва активно да действа по посока свободата и духовното развитие.

По принцип фараонът не се разглежда като добър или лош. Той символизира основата на егоистичната природа на човека. Както ние взаимодействаме с тази природа, такава е и ролята на фараона в нашите разбирания. Ако използваме нашия егоизъм за постигане на своите цели, то фараонът се възприема като положителна фигура. Но когато започнем да работим против нашия егоизъм, стремейки се към духовно развитие, фараонът се възприема като отрицателен персонаж..

Изхода от Египет

В кабалистичната традиция група от хора, стремящи се към духовно развитие, се наричат „десетка" и се разглеждат като единно цяло, като един народ.

Когато членовете на десетката решават да се откажат от своя егоизъм, те се сблъскват със състояние, което може да се опише като „египетски мрак". В това състояние човек започва да усеща духовна тъмнина, защото неговото егоистично желание не получава обичайното напълване.

Десетте наказания описани в Тора, съответстват на десетте сфирот – десетте свойства на Твореца. Човек не може самостоятелно да се уподоби на тези качества на Твореца, затова е необходимо да извърши десет поправяния.

Тези поправяния помагат да се отделят и отсекат от егоистичните намерения онези желания, които са способни да приемат свойствата на Твореца.

Всеки от ударите, или така наречените наказания, отделят определено желание, което може да се присъедини към една от деветте сфирот. Когато това се случи, желанието може да бъде напълнено със светлината на Твореца. Желанията, които не могат да преминат през това изпитание и да придобият съответствие с духовните свойства, остават в Египет, тоест в сферата на егоистичните стремежи.

Целият духовен път на човека е последователност от свързани етапи, всеки от които има дълбоко символично значение. Отначало е необходимо да разберем кои са египтяните, кои са синовете на Израел, какво символизират Моше и фараона. След това следва етапа „бягство от Египет", който символизира отделяне от егоистичните желания и стремежи.

Нататък следва „преходът през морето", който представлява преодоляване на трудностите и препятствията по пътя на духовния напредък.

Планината Синай символизира готовността да бъде приета Тора, което означава приемане на духовния закон „възлюби ближния като самия себе си".

Всеки от тези етапи се явяват неделима част от пътя на духовното развитие. Всичките те заедно формират единната верига на духовното преобразуване, процес който човек е длъжен да измине по пътя на постижението и уподобяването на Твореца.

"Ям суф" - „Крайното море" - олицетворява последната граница на материалния егоистичен свят. Преминаването му символизира окончателната раздяла с егоизма и след него няма връщане назад към предишния живот.

След „Ям суф" започва пътешествието в „пустинята", където присъстват съмненията и проблемите, но те вече са от друг характер. „Ям суф" е бариера (махсом), условна граница, зад която започва духовния свят. В този свят цари истинската свобода, неограничена от време, място и пространство.

И така, именно изходът от Египет, т.е. изходът от егоизма се явява преход към свойството отдаване, единение и любов. Това не е просто промяна на местоположението, а дълбоко вътрешно преобразуване, начало на нов етап в духовното развитие на човека.

ВИДЕО ПО ТАЗИ ТЕМА ⟫⟶

СЕМИНАРИ

Пет правила
на кръглата маса

Кръглата маса трябва да се провежда по определени принципи. Тя изначално е насочена към това хората да се сближават един с друг, да се поддържат взаимно, заедно да изясняват истината, да опитат да намерят не само общо решение, но и общо мнение, желание, цел, взаимно разбиране, общи стремежи и допълване.

Те трябва да положат усилия да смекчат, или по-точно да добавят своята индивидуалност, силата на своите желания в общата „касичка". За да се случи това, съществуват определени правила за беседване в кръг. Всички те се отнасят към максималното намаляване на пречките и търканията между участниците от една страна, и увеличаване приноса на всеки участник от друга.

Равенство

Равенството не е цел. Равенството е необходимо, за на намали нашите вътрешни съпротивления за преминаването на „вълните". Поради тази причина всеки попадащ в кръга е длъжен да забрави за своите „заслуги" – естествени, или придобити. Няма млади и мъдри с опит, няма професори и ученици, жени и мъже, няма президенти и чистачи, няма принцове и ниски.

Всеки от нас се е родил с различни заложби, в различни семейства. Ние сме получили различно образование, възпитание, по различен начин възприемаме света, различно се отнасяме към него. Всеки от нас усеща себе си по различен начин. Но ако успеем да реализираме себе си в хармония с останалите, ето това е равенство.

Една тема

Ние имаме една обща цел и заради нея сме седнали в кръг. За да я достигнем е нужно максимално да намалим „естествените пречки". Затова трябва да говорим само по една, зададена и обща за всички тема.

Много е важно по време на обсъждането да не променяме или видоизменяне темата.

Ние не можем постоянно да помним за целта на работата и непрекъснато ще се отключваме от нея. Това изключване е задължително и съществува, но не е необходимо ние да се примиряваме с него.

Нас ни изключват, за да се присъединим отново, но вече на следващата степен. Освен това човек по принцип не може сам да се удържа във високо състояние, а само благодарение на обкръжението.

Участие на всеки

Ако дори само един от елементите на системата не бъде задействан, очакваният резултат от съвместната работа ще бъде минимален, ако въобще го има. Това е така относно всяка система: биологичните тела или електрическа схема. От друга страна приносът спрямо възможностите на всеки е залог за успеха на всички.

Всяка електрическа схема функционира тогава, когато всеки неин елемент предава своята енергия навън, след което отвътре получава нова енергия, отново я предава навън и отново получава. Ярък пример в това отношение е бобината и кондензаторът в трептящия кръг.

Да слушаме и чуваме всички

В природата няма излишно и ненужно. Точно така трябва да бъде и в „интегралния кръг". Всеки трябва да има равноправна възможност да говори и да бъде изслушван. Затова участниците трябва да говорят един след друг по ред. Задача на всеки е да се слее с желанията на всички, а всички с желанията на всеки.

Нужно е да се постараеш да си представиш, че се разтваряш във всички останали. Т.е. всички ние се обединяваме в един. Това означава, че никой от нас не остава лично.

Един - това не е нашият сбор, не „ние", а едно цяло, в което е невъзможно да се отделят отделни части. Получава се, че от една страна аз там сякаш изчезвам. Моето „Аз" изчезва, но вместо това, усещам всички. Разкриват ми се тези два противоположни полюса.

Спор и критика

В кръга няма и не може да има спорове, не може да се критикува и да се дават оценки. Нашата задача е да създадем „единна вълна", а не да се оценяваме един друг.

Ценността на всеки се измерва не с неговия ум и красноречие, а със способността да включи себе си в общо действие. Затова никой не трябва да се откроява в нищо. Няма правилни или неправилни отговори. Няма място за критика, както и няма място за похвали. Няма място за думи като: съгласен, несъгласен, прав, неправ и т.н.

Когато слушам как говори другарят по време на семинара, аз се включвам в неговите думи без да влагам в тях никакво съмнение и критика. Аз ги възприемам като най-важното мнение и искам да проникна в него, да се съединя така, че то да стане мое собствено. Аз искам неговите думи да докоснат сърцето ми и да засвирят в него, като на струни.

ОЩЕ ПЕТ ПРАВИЛА НА КРЪГЛАТА МАСА

Без диалози

Кръгът не е място за диалози и пререкания. И едното и другото нарушават целостта на кръга. Въпросите, както и отговорите, забележките, коментарите и друга намеса в процеса на монолога на участника, дори и неизречени на глас, пречат на общата цел. Връзката възникваща между участниците се нарича „център на кръга". Главното е постоянно да се намираш в този център.

В процеса на интегралните обсъждания не е от значение колко сте прави или не. За мен това е само средство да „изляза от себе си" и да се облека в един, втори или трети.

От това взаимно включване се ражда общото желание и общия разум. След многократното взаимодействие помежду ни от общото желание и общия разум, се появява нещо, наречено „център на групата".

Центърът на групата е образ на интегралния човек, който се състои от едно сърце (желание) и един разум (мисли).

Естествените реакции

Когато ние не сме съгласни с някого, това не ни харесва и ни дразни. Това е естествена реакция и затова трябва да се отнасяме към това с разбиране. В също време точно това е случаят, когато можем и трябва да използваме раздразнението си, а по същество и индивидуалните си качества, присъщи само на нас, за общата кауза.

Независимо от всичко, ние трябва да продължим да действаме в рамките на правилата на кръга. Само с общи усилия ние ще можем да преодолеем отхвърлянето, неприемането и неразбирането.

Нито един от нас не е лош сам по себе си. Цялото зло се намира между нас. Злото е силата на нашата взаимна ненавист. Ако ние се издигнем над нея и се съединим, то ще поправим цялото това състояние. Тоест моята задача е, злото което виждам в себе си и в другите да отнеса към проблема на нашата неправилна връзка.

Лозунги и цитати

Всеки трябва да се стреми към „центъра на групата". Информацията се черпи оттам, а не от цитати и лозунги. В общата настройка за единство се намират всички отговори.

Ние се обединяваме, сливаме, включваме един в друг така, че твоите желания и мисли да станат разбираеми и близки за мен, а моите на теб. Ние ставаме толкова близки, че всеки се издига над себе си и се обединяваме в общо мнение, общо знание и общо чувство.

Тази зараждаща се общност е най-важното нещо в нас, защото точно тя поражда между нас третата съставляваща - обединения образ на един човек, който е подобен на природата и е в абсолютна хармония с нея.

Така обединявайки се над себе си, над своя егоизъм, всеки от нас се превръща в хармоничен елемент на природата.

Колективно решение

Решенията се вземат само от точката на единството и взаимното разбиране. Понякога за това е нужно да се проведат няколко обсъждания или даже цяла серия. Важно е не количеството, а качеството. В противоречивите мнения се намира истината. Съвършенството на природата се създава от противоречия.

В резултат на този тренинг хората стигат до заключението, че могат да живеят заедно, без да се потискат един друг, главното е да се научат да се допълват един друг.

По този начин се създава особено интегрално общество, където всички са взаимно свързани, отнасят се към човешките слабости с разбиране и както в семейството се обичат един друг, уважават се и се допълват.

Оказва се, че въпреки факта, че сме създадени съвършено различни, с противоположни качества, в интегралното обединение ние сме като някакъв социален интеграл, който се повдига на качествено ново ниво.

Хармония

Конкретното решение на конкретни проблеми не е целта. Това е следствие на достигнатото единство в кръга. Нашата цел е излизането на ново ниво на хармонични, интегрални взаимоотношение, такива каквито царят в природата.

Понятието „връзка" – това не е проводник, не е радиовълна, не е лъч светлина. Там вътре съществува цял свят на информация и енергия. Това е онова, което се намира между другарите.

След като е намерил такава връзка, човек чувства, че нещо преминава през него, постепенно се разширява и достига безкрайни духовни честоти. Това е невъзможно даже да си представим в нашия свят, тъй като се открива съвършено ново, огромно информационно-чувствено измерение.

ВИДЕО ПО ТАЗИ ТЕМА ⟩⟩⟩⟩⟶

ЗАКЛЮЧЕНИЕ

Изключително много хора са се опитвали, опитват се и ще продължават да се опитват да разберат каква е целта на съществуването и главно защо животът е устроен така несправедливо.

Защо човекът, стоящ на върха на природната пирамида е неспособен, колкото и да се старае, да се наслади в пълна степен от резултатите на действието, както на самата природа, така и на това, което е създал и създава сам с тежък труд.

Защо отделните хора и цели народи, въпреки че искат да живеят щастливо и мирно, непрекъснато воюват помежду си. Как така излиза, че всеки революционен технологичен скок, едновременно заедно с видимата полза, носи значително повече, а често и необратима вреда на човечеството и на планетата като цяло.

Науката кабала и не само тя обяснява, че основният проблем на този парадокс се намира не във външните условия и обстоятелства, а е заложен изключително в егоизма на самия човек.

Науката кабала предлага конкретен метод за разрешаване на този „вечен" проблем. Този метод коренно се различава от всички останали подходи. Неговата същност е много проста и концентрирана в една точка – поправянето на човешкия егоизъм.

Това се достига не чрез потискане, не чрез намаляване и не чрез бягство от него. С помощта на кабала се задейства специален механизъм, скрит в самата природа и предназначен специално за тази цел.

Кабалистите са разкрили методиката включваща този механизъм преди около 5000 години. В течение на всичките тези хилядолетия методиката се е усъвършенствала с цел да може бъде приета тогава, когато човечеството остро ще се нуждае от нея.

Ние живеем в епоха, когато практически всички хора в един или друг вид усещат, че не е възможно да живеем така както сме живели до този момент. Необходимо е да направим нещо, което коренно да промени живота ни. Това заключение днес е засегнало всички нива на обществото.

Досега преобладаващата част от хората отхвърлят тези идеи и това е разбираемо, тъй като никой не вярва, че има изход от тази задънена улица.

Само малка част от хората знаят за робството, като инструмент за радикално решение на този световен, универсален проблем. Но рано или късно всеки ще научи за тази система от знания и практически методи за прилагане, подготвени специално за нашите дни.

В заключение трябва да кажем, че кабалистите не искат човечеството да се приближава към трета или четвърта световна война, след които шепа останали хора от човечеството ще решат от отчаяние да започнат да лекуват същината на проблема, тоест човешкия егоизъм. Не, кабалистите искат хората, без да се откъсват от нормалния човешки живот, да започнат духовно изкачване до висините, които изначално са били присъщи на природата на Твореца.

Допълнителна информация

Обучителна платформа на Международната академия по Кабала

https://kabbalah.academy/bg

Милиони студенти по целия свят изучават науката Кабала. Изберете удобен за вас метод за обучение на сайта.

Нашата онлайн платформа ще ви позволи да преминете обучение от най-добрите преподаватели в Академията, изучавайки уникални кабалистични източници.

Общувайки в онлайн общността, ще имате индивидуален съпровод на асистент-преподавател.

Международна академия по Кабала

https://www.kabbalah.info/

Сайтът на Международната академия по кабала е неограничен източник на достоверна информация за науката кабала.

Тук ще получите достъп до уникално съдържание - библиотеката на кабалистичните първоизточници, широк спектър от предавания и архив на лекциите

Сайтът дава възможност да се свържете с преки излъчвания на ежедневните уроци на основателят и ръководител на Международната академия по кабала Михаел Лайтман за всички, които се занимават в дълбочина с изучаването на науката кабала и изследване на кабалистичните първоизточници.

Онлайн магазин за кабалистични книги

https://www.kabbalahbooks.info/collections/books

Най-големият международен онлайн магазин за кабалистична литература. Тук е представена най-широката и уникална гама от научна, учебна и художествена литература по кабала, включително кабалистични първоизточници.

Възможност за поръчка на книга от всяка точка на света.

ПЪТЕВОДИТЕЛ ЗА ДУХОВНО РАЗВИТИЕ

М. САНИЛЕВИЧ, М. БРУЩЕЙН
по трудовете на д-р М. Лайтман

ISBN 978-1-77228-200-9

Технически редактор: Г. Шустерман.
Дизайн на оформлението: А. Мохин.
Дизайн на корицата: А. Мухин.
Коректори: П. Календарев, Л. Шмуленсон, С. Добродуб.
Видео селекция: Т. Ермолова.
Компютърно оформление: К. Рудешко.
Подготовка за печат: Й. Левински.

© Bnei Baruch-Kabbalah La'am Association, 2024
4934826, HaRabash St 12, Petah Tikva, Israel.
All rights reserved

БЪЛГАРСКО ИЗДАНИЕ:
Превод: Жулиета Григорова
Редактор: Теодора Крушева
Предпечат и оформление: Евелина Къвръкова